SARAH JOLLIEN-FARDEL
LIEBLINGSTOCHTER

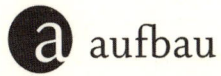 aufbau

SARAH JOLLIEN-FARDEL
LIEBLINGSTOCHTER

ROMAN

Aus dem Französischen
von Theresa Benkert

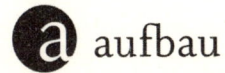 aufbau

Die Originalausgabe unter dem Titel
Sa préférée
erschien 2022 bei Sabine Wespieser Éditeur, Paris.

ISBN 978-3-351-04197-7

Aufbau ist eine Marke der Aufbau Verlage GmbH & Co. KG

2. Auflage 2023
© Aufbau Verlage GmbH & Co. KG, Berlin 2023
© Sabine Wespieser Éditeur, 2022
Einbandgestaltung zero-media.net, München
Satz Greiner & Reichel, Köln
Druck und Binden CPI books GmbH, Leck, Germany
Printed in Germany

www.aufbau-verlage.de

Für meine Großmutter Sylvie

Wer nicht den Himmel fand – hier unten –
Der geht auch oben fehl –
Denn Engel mieten nebenan,
Wohin wir auch verziehn –

EMILY DICKINSON

1

Plötzlich hat er ein Gewehr in der Hand. Noch vor einer Minute haben wir Kartoffeln gegessen. Beinahe in Ruhe. Meine Schwester quasselte. Wie so oft. Und mein Vater sagte: »Warum kann diese Göre nicht einfach mal die Klappe halten?« Doch sie plapperte weiter. Sie war naiv, fröhlich, ein bisschen einfältig, witzig und lieb. In der Schule ging ihr das Lernen nicht so leicht von der Hand. Sie spürte nicht, wenn sich die Atmung meines Vaters veränderte, wenn sich in seinem Blick abzeichnete, dass wir eine gehörige Tracht Prügel beziehen würden. Sie redete ununterbrochen. Ich dagegen war immer auf der Hut, unruhig, hatte furchtbar Schiss, und die Angst klebte mir am ganzen Körper.

Ich sah die Schwäche meiner Mutter, die Dummheit und Grausamkeit meines Vaters. Ich sah die Unschuld meiner älteren Schwester. Ich sah alles. Und ich wusste, dass ich aus einem anderen Holz geschnitzt war als sie. Meine Schwäche war mein Stolz. Ein Stolz, der mich tapfer und aufrecht gehalten hat. Er hat mich auch zugrunde gerichtet. Ich war ein Kind. Ich verstand es, ohne es zu begreifen.

Es waren immer dieselben Szenen. Er kam von seinem Arbeitstag auf den Straßen nach Hause. Er stank nach Alkohol. Wenn er sich im Wohnzimmer auf das rissige Ledersofa setzte und einschlief, dann wussten wir drei, dass wir für ein paar Stunden unseren Frieden haben würden. Wenn er seinen massigen Körper auf einen Küchenstuhl sinken ließ, ein Messer zur Hand nahm, um Nüsse zu knacken oder ein Stück vom Käse abzuschneiden, den er in unserem erdigen Keller reifen ließ, dann waren wir fällig. Diese Abgedroschenheit war erbärmlich. Ein bis zum Erbrechen durchgespieltes Drehbuch, in dem jeder in die ihm zugewiesene Rolle schlüpfte. Niemand konnte die Distanz eines Zuschauers einnehmen. Alle vier wurden wir in denselben Walzer hineingezogen, bei dem jeder die Füße an die richtige Stelle setzte. Um einen anderen Schritt zu wagen, fehlte es uns sowohl an Selbstbewusstsein als auch an Leichtsinn.

Es konnte das sehnige Fleisch im Ragout sein, eine Gewürznelke zu viel, ein zu hartes Lorbeerblatt, eine zu weich gekochte Karotte, zu grob geschnittene Zwiebeln. Es konnte der Regen oder die stickige Hitze in der Fahrerkabine seines Lkw sein. Es konnte nichts sein. Und schon ging es los. Die Schreie, die Angst, die vulgären Ausdrücke, ein Glas gegen die Wand, eine

Ohrfeige ins Gesicht meiner Schwester oder meiner Mutter. Ich huschte unter den Tisch, starrte auf die Fußbewegungen in diesem nur allzu bekannten Familientanz. Manchmal fiel meine Mutter vor mir auf den Boden, zu einer Kugel zusammengerollt. Ihre Augen schrien vor Angst, sie schrien »Hau ab«, und ich verdrückte mich unter mein Bett. Mit ansehen, beobachten. Einschätzen. Bleiben oder weglaufen. Aber mir nie, wirklich nie die Ohren zuhalten. Meine Schwester presste sich die Hände auf ihre. Doch ich wollte es hören. Wollte auf jedes Geräusch achten, das ankündigte, dass es diesmal schlimmer werden würde. Wollte die Wörter verstehen, jedes einzelne: du dreckige Schlampe, du Nutte, ich hab dich aus der Scheiße geholt, schau dich nur an, wie hässlich du bist, du blöde Kuh, ich bring dich um. Hinter diesen Wörtern steckten Hass, Elend, Scham. Und Angst. Jedes Wort war wichtig. Ich musste sie alle mit anhören. Auch den Tonfall. Mit der Zeit konnte ich ausmachen, ob er zu betrunken oder zu müde war, um bis zum Äußersten zu gehen, bis zur Prügelei. Ob er erschöpft war oder ob er noch die Kraft haben würde, meine Mutter gegen die Wand oder ein Möbelstück zu drücken und auf sie einzuschlagen.

Ich nahm auch den billigen Honig wahr, mit dem er das Tremolo in seiner Stimme süßte. Es war schrecklich. Und ich weiß nicht, warum und wie meine Mutter und meine Schwester sich von dieser falschen Sanftheit einlullen lassen konnten. Wie sie glauben konnten, dass nicht auch diese nur ein Vorspiel für seine Gewalt war. Sie glaubten, und vor allem hofften sie, dass wir an diesem einen Abend darüber hinweggehen würden. Vielleicht war es noch schlimmer, ihn zu durchschauen. Ich hatte das Gefühl, seine Komplizin zu sein. Ich plante voraus und schob zu erledigende Hausaufgaben vor, um das Weite zu suchen. Oder ich deckte eilig den Tisch ab, um die Gegenstände wegzuräumen, die er uns ins Gesicht pfeffern könnte. Am schlimmsten waren Flaschen. Er schleuderte sie gegen die Wand, und wir mussten uns wegducken, um ihrer Flugbahn auszuweichen. Besonders fürchtete ich mich vor dem schweren Emaillekrug, in dem Mama immer Sirup zubereitete. Ich hatte es geschafft, im Kaufhaus eine Plastikkanne zu klauen. Wir waren einkaufen, meine Mutter und ich. An der Schläfe hatte sie am Haaransatz genäht werden müssen, wegen einer Scherbe von einer dieser verfluchten Flaschen, dem Arzt hatte sie gesagt, sie sei schwer gestürzt. Ihr Haar fand ich wunderschön. Glatt und dicht. Nicht so wie meins. Ich liebte es, darüberzustreichen, schmiegte mich an sie, wenn sie strickte oder las. Ich wickelte mir eine ihrer karamellbraun schimmernden Strähnen um den Zeigefinger. Mein eigenes Haar hatte keine Farbschattierungen, es war dunkel, stumpf und glatt. Widerspenstig und überhaupt nicht glänzend. Manchmal vergrub ich die Nase in ihrem Haar und sog mit geschlossenen Augen ihren Duft ein. Dann bat sie mich verschämt darum aufzuhören. Die Vorstellung, dass ich sie hübsch finden könnte, brachte sie in Verlegenheit.

Im Einkaufszentrum hatte ich sie mit sämtlichen Tricks zu überzeugen versucht, diese Plastikkanne für neun Schweizer Franken und neunzig Rappen zu kaufen, weil er uns damit nicht mehr würde verletzen können. Doch sie war zu teuer, und mein Vater kontrollierte jeden ausgegebenen Franken. Meine Mutter hatte sich geweigert. Als sie mich zwei Tage später losgeschickt hatte, um Butter und Polenta zu besorgen, hatte ich es geschafft, die Kanne zu klauen und in meinem Schulranzen zu verstecken. Ich schwitzte, und an der Kasse kam mein Herz völlig aus dem Takt, aber ich hatte es geschafft. Als ich sie auf den Holztisch stellte, der von den Gewaltausbrüchen meines Vaters ganz verschrammt war, sah ich meiner Mutter direkt in die Augen. »Wie hast du die denn bezahlt?« Ich hatte einen Plan ausgeheckt, hatte auf dem Heimweg angehalten, sie mit Erde dreckig gemacht, mit einem Kieselstein zerkratzt und im Dorfteich ausgespült. »Sophies Mutter wollte sie wegwerfen, und ich habe ihr erzählt, dass ich eine zum Malen brauche, da hat sie sie mir gegeben.« Dieser Moment, wenn man eine Lüge auftischt. Dieser für einen Sekundenbruchteil in der Luft hängende Augenblick. Es kippt in die eine oder andere Richtung. Ich konnte meinen Blick beherrschen, ihn aufrechthalten, ohne schwach zu werden, ihn mit Unschuld tarnen. Ich öffnete die Augen weit, zog die Lippen zu einem falschen, geschlossenen Lächeln auseinander. Das klappte immer.

Da meine Mutter und meine Schwester sich nicht nur körperlich ähnlich waren, sondern auch in ihrem Verhalten, glaubte ich mit der Zeit, dass ich, wenn ich nicht wie sie war, notgedrungen sein musste wie er. Wie sonst sollte man sich erklären, dass er den Blick senkte, wenn ich ihn anstarrte, ohne mit der Wimper zu zucken, dass er mich nie schlug, mich höchstens an den Haaren zog. Keine Ohrfeige, kein fester Griff an den Schultern wie bei den anderen, wenn er sie packte und kräftig schüttelte. Nur ein einziges Mal hat er es gewagt.

Ich saß am Küchentisch. Es war an einem Sonntag gegen Abend. Wie immer sonntags war er nach dem Mittagessen fortgegangen. Wir wussten nicht, was er mit seinen Sonntagnachmittagen anfing. Diese Stunden, in denen er von zu Hause weg war, machten mich neugierig. Wohin ging er und mit wem? Ich versuchte, meiner Mutter etwas zu entlocken, sie wich mir mit irgendeiner Belanglosigkeit oder einer Gegenfrage aus: »Kommen wir drei nicht gut allein zurecht?« Ich hielt mich von ihm fern, aber gleichzeitig drehte sich alles um ihn. Da er über die terrorisierende Macht verfügte, die Luft oder Atmosphäre zu verändern, war ich regelrecht von ihm besessen. Meine Mutter kochte ein *Coujenaze*, ein einfaches Rezept aus unserer Gegend. Kartoffeln und Bohnen, die man so lange auf kleiner Flamme köcheln lassen musste, bis das Wasser vollständig verdampft war. Dabei vermischte sich alles, ohne sich in einem Brei aufzulösen. Die Bohnen wurden zart, die Kartoffeln zergingen auf der Zunge. Meine Mutter zauberte ein Abendessen aus nichts. Da sie nichts hatte, schlug sie Rappen heraus, wo sie nur konnte. Jedoch rührte sie nie das Klimpergeld an, das sie vor dem Wäschewaschen in den Hosentaschen meines Vaters fand. Bei ihm gab es nichts umsonst. Einmal hatte er sie wegen fünf Rappen geohrfeigt, die er absichtlich auf dem Tisch liegen gelassen hatte. Das Fleisch an den Hähnchenkeulen wurde abgenagt, die Knochen wurden noch einmal für eine Brühe aufgekocht. Oft musste sie bei der Betreiberin des kleinen Dorfladens um einen Aufschub bitten. Mein Vater kaufte jedes Jahr ein Schwein. »Das ist gut für euch Säue«, sagte er.

An jenem Sonntag zeichnete ich in der dämmrigen Küche einen Tiger oder vielmehr den Oberkörper eines treudoofen und kein bisschen gefährlichen Tigers. Ein scheckiges Gesicht, eine gelb-rote Kappe und ein blauer Pulli. Ich hatte mehrere Blätter in der Mitte gefaltet und dann längs an der Kante zusammengeheftet. In diesem mit kindlicher Unbeholfenheit gebastelten Büchlein stand eine Phantasiegeschichte, die ich nicht mehr genau im Gedächtnis habe. Ich erinnere mich nur noch an das Hochgefühl, ein Wort an das nächste zu reihen. Es war gar nicht schwierig. Es bedeutete, weit weg zu sein von diesem Zuhause. Ich hatte die Stunden an den vergangenen Tagen geliebt, bäuchlings auf dem Bett, als sich wie von selbst die Sätze gesponnen hatten, bis zum letzten Punkt. Jedes Mal, wenn ich daran zurückdenke, lebt dieses brennende Gefühl wieder auf. Aus diesen geläufigen Wörtern, die ich so hinbog, wie es mir passte, eher an das eine als an das andere Adjektiv anschloss, formte sich etwas, das ohne mich nicht existiert hätte. Es ging nicht um Stolz, sondern um die einsame Freude an einer ungeheuren Zauberkraft: die Befreiung aus meinem Leben.

Als ich dieser kindlichen Raubkatze eben den letzten Schliff gebe, blickt er mir über die Schulter. Ich war überhaupt nicht begabt fürs Zeichnen, aber ich brauchte doch einen Umschlag für mein Buch! Ich weiß nicht, was ihn gerührt hat. Mein unschuldiges, ungezwungenes Tun – wie ich da vornübergebeugt, mit angewinkelten Armen drauflos malte – oder aber der Duft des Essens, die Stimmung im Haus oder dieses Idealbild einer Familie, in diesem Augenblick, als er in die Küche trat und meine Mutter und mich sah.

16

Oder vielleicht hatte er auch nur am Nachmittag etwas erlebt. Ich weiß es nicht, jedenfalls legte er mir seine breite, schwielige Hand auf den Kopf. Ich versteifte mich sofort und nahm eine Verteidigungshaltung ein.

»Was wird das?«

»Das siehst du doch.«

»Reiß das Maul nicht so auf.«

Er zog seine Hand zurück.

Ich wusste ja, dass man es nie riskieren sollte, ihn zu reizen, aber dieses Glück würde er mir nicht verderben. Und auch nicht die intensive Freude daran, dem Büchlein, das ich gleich am nächsten Morgen meiner Lehrerin zeigen wollte, den letzten Schliff zu verleihen. Mit einem hochmütigen Tonfall, so entschieden, wie ich ihn mit gerade einmal acht Jahren anschlagen konnte, wagte ich es:

»Ein Tiger, mein Lieber.«

2

Ich hatte diesen Ausdruck »mein Lieber« nach dem Gottesdienst gehört, aus dem Mund von Doktor Fauchère, über den man respektvoll mit dem bestimmten Artikel sprach. »Der« Herr Doktor Fauchère war der Arzt unseres Bergdorfs, einer der wenigen Akademiker. An jenem Morgen katzbuckelte der Fleischer Gaudin vor ihm auf dem Kirchplatz. Der Herr Doktor Fauchère hatte ein »danke, mein Lieber« in die Unterhaltung eingestreut. Wie gut das aus seinem Mund klang! Sein herzliches Lächeln, genau das richtige Maß zwischen Höflichkeit und Reserviertheit. Ich fand, dass dieser Ausdruck, »mein Lieber«, dem Sprecher Wichtigkeit verlieh und seinem Gegenüber deutlich zu verstehen gab, dass er nicht denselben Rang einnahm. Behutsam und feinsinnig. Ich war also kühn genug für ein großspuriges »mein Lieber«. Mein Vater war zwar ungebildet, aber er hatte den Instinkt eines Schurken oder Tiers. Wie Micky, die Katze meiner Schwester Emma, die nie zwischen seinen Füßen herumstrich und sofort Reißaus nahm, wenn der himmelblaue Peugeot 404 meines Vaters auf den ungepflasterten Hof vor dem Haus fuhr. Ich hatte ihn meine Verachtung oder meinen stummen Hass noch nie spüren lassen. Doch dieses »mein Lieber« war der erste Schuss in unserem Kampf, der nicht einmal mit dem Tod enden würde.

Ich hätte es voraussehen können, meine Sinne waren immer wach, die Angst mein Kompass. Im nächsten Augenblick packte er mich am Kopf und hob mich hoch. Der Stuhl fiel um. Meine Ohren wurden zwischen seinen monströsen Pranken eingezwängt. Mir gegenüber meine entsetzte Mutter. Er ließ mich los, ich fiel hin. Ich dachte, es sei vorbei. Nur ein Anfall von schlechter Laune. Dann zerrte er mich am Unterarm. Von der Küche bis in mein Zimmer. Ich stieß gegen den Türpfosten, gegen die Wände. Ich hörte meine Mutter seinen Namen schreien. Ich glaube, es war das erste Mal, dass ich ihn aus ihrem Mund gehört habe: »Louis, bitte nicht, Louis, lass sie los, sie ist doch noch klein.« Louis schloss die Zimmertür, mir blieb keine Zeit, mich aufzurichten, meine Schulter tat weh. Ich lag auf dem Boden, und er schlug mich auf den Hintern, auf den Rücken. Er drehte mich um, hielt meinen Hals mit den Armen wie in einem Schraubstock umklammert. Sein Gesicht war rot und verzerrt, die Augen traten hervor und blitzten irre. Und das Lächeln. Es war widerlich. Das zu sehen und zu spüren. Noch ehe ich wusste, wie sich die Gesichtszüge unter dem

Einfluss der Lust oder der Macht über einen anderen verändern, sah ich die Bestialität eines Mannes, eines Vaters, meines Vaters. Über mich gebeugt, lockerte er die Umklammerung seiner Riesenhände und drosch auf jede denkbare Stelle meines schmächtigen Körpers ein. Auf meinen Kopf, meinen Oberkörper, meine Arme. Anstatt mich abzuschirmen, starrte ich ihn fassungslos aus weit aufgerissenen Augen an, bis meine Lider schmerzten.

Meine Mutter ließ eine Pfanne auf seinen fast kahlen Schädel hinuntersausen. Davon überrascht, hörte er abrupt auf. Er erhob sich und verpasste ihr eine gewaltige Ohrfeige, die sie gegen die Wand schleuderte. Ich zitterte, ich hatte mich eingenässt, ohne es zu merken. Ich weinte nicht, ich musste mich übergeben und wurde ohnmächtig. Ich erinnere mich an ein Flüstern, daran, wie ein warmer Waschlappen sanft über meine Stirn fuhr, an das gedämpfte Licht. Als ich die Augen wieder öffnete, sah ich meine Mutter und hinter ihr »den« Herrn Doktor Fauchère. Er war unser Erlöser. Er würde uns aus unserem pestartigen Loch herausholen. Da war ich mir sicher. Er hatte einen gutmütigen Blick, er war nicht wie die anderen, ich merkte sofort, dass er gebildet war, und glaubte, dass er uns mit seiner Klugheit tatsächlich befreien würde.

»Ja, sag mal, Jeanne, hast du etwa Stuntfrau gespielt?«

Er neckte mich bestimmt nur, das kann gar nicht anders sein. Was ist schlimmer? Ein ignoranter Schweinehund oder ein scharfsinniger Mann, der so feige ist, wegzusehen, wenn ein achtjähriges Mädchen verprügelt wird? Bevor ich ihn endgültig für immer verachten sollte, versuchte ich es mit Direktheit, es konnte ja sein, dass ich gar nicht so mitgenommen aussah.

»Das war mein Vater.«

»Dein Papa? Du willst deinen Papa sehen? Aber dein Papa ist gerade nicht da.«

»Nein-nein-nein-nein.« Es war eine flehentliche Bitte, nein-nein-nein-nein, ich wurde laut, aber meine Stimme war dünn: »Das stimmt nicht. Mein Vater hat mich geschlagen.«

Er strich mir über die Stirn: »Das wird schon wieder, wir sollten sie heute Nacht im Auge behalten.« Erneutes Flüstern, und vor allem der Verrat dieses Mannes, den ich noch am selben Morgen verehrt hatte. Wenn wir zu ihm in die Praxis oder zum Sonntagsgottesdienst gingen, lauschte ich seinen Worten. Ich hatte mir immer eine Person voller Wohlwollen, Überlegenheit und Güte vorgestellt. Ich sah weder Scheinheiligkeit noch Selbstgefälligkeit. Vor meinen Augen hatte er mehrfach – durch ein verschmitztes Lächeln, einen Blick, ein Stirnrunzeln oder durch die Art, wie er einem Patienten gegenüber den Kopf bewegte – seine höhere Bildung, mit der er vielen in unserem ungehobelten

Bauerndorf überlegen war, unter Beweis gestellt. Und ich, ein überhebliches Mädchen, hatte mich eifrig darum bemüht, den guten, alten Doktor Fauchère nachzuahmen. Für diesen Ausdruck »mein Lieber« musste ich eine ordentliche Tracht Prügel einstecken, eine ausgekugelte Schulter, blaue Flecken, Gliederschmerzen. Dieses widerrechtlich angeeignete »mein Lieber« führte sehr gut vor Augen, dass jeder in seinem Rang zu bleiben hatte, die einfachen Leute auf der einen Seite, und die Gutbürgerlichen auf der anderen. Uns stand es mit unseren unbedeutenden Leben nicht zu, diese Art Sprache zu gebrauchen. Mit einem Klaps auf meine Stirn setzte er einen Punkt hinter meine letzten Illusionen.

Jahre später würde ich in Lausanne wegen einer viralen Meningitis ins Krankenhaus eingewiesen werden. Der Doktor Fauchère hatte das Dorf kurz nach diesem düsteren Erlebnis verlassen. Ich weiß nicht, ob er meinen Familiennamen im Patientenregister entdeckt hat, ob ich in ihm rührselige Erinnerungen an seine Herkunft oder unterbewusste Schuldgefühle geweckt habe. Indiskret plauderte eine Krankenschwester aus, dass »der« Herr Doktor Fauchère sich persönlich nach mir erkundigt hat. Das scheint sie zu beeindrucken. Mich nicht! Offensichtlich. Hinter einem Typen, der sein Leben lang einen bestimmten Artikel vor dem

Namen getragen hat, verbirgt sich nichts Besonderes. Die Kopfschmerzen, ein einziges Martyrium, halten tagelang an. Wenn man im Dunkeln eingezwängt ist, starr wie eine Leiche, ist selbst eine Träne, die sich aus dem Augenwinkel löst, die reinste Folter. Als er mein Zimmer betritt, habe ich das Schlimmste schon hinter mir. In einer geschmeidigen Bewegung, die Arme ausgebreitet wie der Messias, sieht er geradezu entzückt aus, mich wiederzusehen, mein Lieber, »der« Herr Doktor Fauchère. Er hatte kaum mit seinen übertriebenen Höflichkeiten begonnen, nach dem Motto, treffen sich zwei Landeier in der großen Stadt, schon loderte mein seit jenem Sonntag vor über zwanzig Jahren unterdrückter Hass in jeder Pore auf, in jedem Atom, in jedem Stückchen Haut. Ich hätte am liebsten laut aufgeschrien, wäre vor Wut an die Decke gegangen, hätte meine schon lange abgehangenen Gefühle an diesem schlappschwänzigen Doktor ausgelassen.

Ich blieb aufrecht, wie versteinert in meiner Unnachgiebigkeit und meiner Verachtung. Ich sperrte die Wut weg, die sich in meinem Bauch ballte, und musterte ihn verächtlich mit metallischen Augen. Er mochte ja »der« Doktor sein, mochte damals in seinem Dorf geschätzt worden sein, mochte eine Station in einem Universitätskrankenhaus leiten, aber seine aus meiner Sicht unverzeihliche Feigheit hatte auch er offenbar nie vergessen. Schlimmer noch als die Fehler in aller Öffentlichkeit, sind die, von denen nur man selbst weiß und die an der Seele nagen. An diesem Tag, während des stummen Streitgesprächs, zeigte mein herablassender Blick nur zu deutlich, was ich von ihm hielt.

Ich wandte das Gesicht mit einer leicht theatralischen Bewegung ab.

»Feigling!«

Er hörte es, kurz bevor er die Tür schloss, ich sah, wie er den Kopf zwischen die Schultern zog.

Ich war noch nicht einmal dreißig und führte schon Krieg. Schon immer. Für immer.

3

Mein Vater hatte die Kontrolle über die Hausgemein-
schaft. Glücklicherweise war er oft nicht da. Tage, um
wieder Atem zu schöpfen, in denen wir fast wie andere lebten. Claire, meine Mutter, war eine begeisterte
Leserin von Liebesromanen. Wenn wir mit dem Auto
in die Stadt fuhren, an dem einen Mittwochnachmit-
tag im Monat, gingen wir immer beim Antiquar vorbei.
Für ein paar Franken kehrten wir beladen mit einem
Stapel verstaubt riechender Bücher mit Eselsohren zurück, die uns einige Wochen berauschen würden. Zum
Glück – denn sonst hätte er es uns verboten – ahnte
mein Vater nichts von der unendlichen Freude, die wir
empfanden, wenn wir uns in dieses Vergnügen flüch-
teten. Er dachte, es sei nur ein Zeitvertreib für Wei-
ber. Ohne Folgen. Immer in Alarmbereitschaft, sogar
während unserer literarischen Realitätsfluchten, ach-
teten wir darauf, uns diesen innersten Genuss nicht
anmerken zu lassen. Wenn er nicht in der Nähe war,
saß Mama im grünen Samtsessel am Fenster mit den
gehäkelten Vorhängen und schwelgte in einem ihrer

Kitschromane. Ich saß auf dem Boden, zu ihren Füßen oder war in meinem Zimmer. Emma, die Lesen hasste, trieb sich draußen herum, spielte mit ihrer Katze oder rannte hinter den zwei rostbraunen Hühnern her, die wir eine Zeit lang hatten. Meine Mutter war verstoßen worden, als sie mit meiner Schwester schwanger geworden war. Sie hatte Schande über ihre Familie gebracht, weil sie vor der Ehe mit einem Mann geschlafen hatte. Überstürzt hatte sie meinen Vater geheiratet, mit nur zwei Zeugen als Gäste. Manchmal zog ich die Nase aus den Abenteuern der Fantômette oder später, als sie es mir erlaubte, aus den Zeilen eines ihrer Lieblingsautoren, Guy de Cars, und drängte auf eine Antwort: Warum hast du ihn geheiratet? Er hat mir leidgetan, er hatte seine Mutter verloren. Warst du in ihn verliebt? Ich hatte Mitleid mit ihm, und ich habe eine Dummheit begangen, also musste ich dazu stehen. Aber in den Büchern ist es doch schön, sich zu lieben, das sagst du selbst immer, dass die Bücher schön sind. Lass gut sein, Jeanne, das sind nur Geschichten! Ich erfuhr nie etwas über den Beginn oder die Einzelheiten ihrer hinkenden und düsteren Ehe.

Damals sah man in einem Bergdorf den Unterschied zwischen den sozialen Schichten kaum, da dieser nicht durch Prunk herausstach. Die Reichen, wie man sie nannte, waren Grundbesitzer oder – ein anderer Erfolgsgipfel – sie arbeiteten in der öffentlichen Verwal-

tung. Beamte wurden bei uns als wichtige Leute angesehen. Wir anderen waren Kinder von Arbeitern,
Handwerkern oder Bauern. Mein Vater, ein Fernfah-
rer, verdiente ein anständiges Gehalt, das uns vor der
Armut hätte bewahren sollen. Unser familiäres Elend
rührte woanders her. Von den Gewalttätigkeiten und
dem väterlichen Bildungsmangel, der verbalen Obs-
zönität, der Engstirnigkeit. Je älter ich wurde und je näher das Ende meiner Schulzeit rückte, desto öfter ließ
mein Vater unerwartet, aber in regelmäßigen Abständen, in die Unterhaltungen einfließen, dass wir keine
besseren Leute waren und fügte hinzu: »Du wirst ma-
lochen wie dein Schwesterlein.« Er bestimmte sogar,
dass ich als Kellnerin oder Arbeiterin in der Uhren-
fabrik in der Stadt anfangen sollte, wie es zu seiner Zeit
üblich gewesen war. Meine Mutter versuchte erfolg-
los, ihn zur Vernunft zu bringen. Schließlich gab sie
es auf, von seinen Drohungen in die Knie gezwungen.
Ich nicht.

Meine Klassenlehrerin Frau B. war streng, aber fair.
Ich hatte einen ausgeprägten und sehr persönlichen
Gerechtigkeitssinn. Frau B. war unparteiisch. Einmal
hatte sie ihre Nichte geohrfeigt, die sich durch ihre
verwandtschaftliche Beziehung in Sicherheit gewähnt
und sich eine Frechheit herausgenommen hatte. Da
erkannte ich, was in Frau B. steckte. Ich wusste, wie
ungerecht Schläge sein konnten, aber diese Ohrfeige

hatte Catherine sich verdient. Ich ertappte Frau B.s erschrockenen Blick, als Blut aus der Nase ihrer Nichte tropfte. Sie trug einen wuchtigen Siegelring, was ihren Schlag noch verstärkt hatte. Für einen Sekundenbruchteil war sie überrascht, dann fing sie sich wieder, ließ sich ihre Aufregung nicht anmerken. Ich wusste, dass ich eine Komplizin an der Hand hatte. Sie könnte mich bei meinem hartnäckigen Wunsch, meine Ausbildung fortzusetzen, unterstützen. Sie würde keine Schwäche zeigen.

Ich ging den Flur entlang, es gab nur drei Klassen auf jedem Stock der Gemeindeschule. Ich reichte Frau B. meine Einschreibung für das, was man damals noch École Normale nannte, ein fünfjähriges Studium. Die Aufnahmeprüfung hatte ich bestanden. Sie bedachte mich mit einem sanften Lächeln: Du willst also Lehrerin werden? Ich weiß noch nicht, ob ich Grundschullehrerin werde oder länger studiere, um an einer weiterführenden Schule zu arbeiten. Sie nickte einfühlsam. Wahrscheinlich durchschaute sie meine familiäre Situation. In diesem Dorf wimmelte es nur so von spöttischen Giftschlangen. Sie hatte es bemerkt. Die Unterschrift der Eltern fehlte. Das leere Feld zeigte, dass ich sie bereitwillig mit ins Boot holte. Ich brauchte sie, damit sie sich bei meinem Vater für mich einsetzte. Ich musste nicht darum bitten. Sie tat so, als wäre nichts dabei: Keine Sorge. Ich bestelle deine Mutter her. Deine Mutter, hatte sie gesagt. Folgendes hatte ich angekreuzt: Internat. Ich erfuhr nie, wie sie sich geeinigt hatten. Im September begannen meine fünf Jahre.

Diese Jahre waren ein Fegefeuer. Eine Atempause ohne Ruhe oder Glanz nach fünfzehn Lebensjahren in diesem ständigen Schrecken, der sich in den Alltag eingeschlichen hatte. Geräusche lähmten mich noch immer – wenn eine Tür wegen eines Luftzugs zuschlug, stockte mir der Atem, wenn meine Zimmernachbarinnen morgens die Kommoden nach Kleidern durchwühlten, wurde ich sofort in diese unterbrochenen Nächte zurückgeworfen, wenn mein Vater, der früh zur Arbeit aufbrach, einen Socken oder Pullover suchte, Schubladen aufriss und meine Mutter beschimpfte: »So eine faule Sau, schert sich einen Dreck, macht nicht mal die Wäsche für ihren Mann, und ich rackere mich ab wie ein Idiot.« Es würde ein Jahrzehnt dauern, bis ich beim leisesten Knarren eines Möbelstücks oder bei Schritten auf den Holzdielen nicht mehr den Rücken krümmte oder den Kopf einzog. Doch auch ein ganzes Leben würde nicht reichen, um meinen verdorbenen Magen und schmerzenden Bauch zu heilen. Ich war verschlossen, aber lehnte mich manchmal beherzt gegen Ungerechtigkeiten von Seiten der Professoren auf (reale oder zusammenphantasierte), was mir einen gewissen Respekt bei meinen Klassenkamera-

dinnen einbrachte, auch wenn ich mit meiner mürrischen Miene und meinen gerunzelten Augenbrauen
nicht beliebt war. Die Schule war damals noch nicht
gemischt. Im Umgang mit diesen jungen Mädchen erfuhr ich – ohne dass es mir gelang, sie zu entschlüsseln, geschweige denn zu verstehen –, was Koketterie
war und wie lebenswichtig eine bestimmte Kleidungs-
marke. Ich hatte nie zu gefallen versucht, nicht einmal
an Verführung gedacht, war nie verliebt gewesen, hatte
mich nie nach etwas anderem gesehnt, als vor meinem
Vater zu fliehen. Ich knüpfte überhaupt keine Beziehungen, wie sollte ich auch erzählen, dass es für mich
Dringlicheres gab als die Farbe von Burlington-Socken.
Ich wehrte mich nicht gegen diejenigen, die den »Un-
reifen« das Leben schwer machten, – so nannte man
die Mädchen, die noch mitten in der Kindheit steckten. Ich durchlebte diese Jahre selbstsüchtig, erleichtert über die Verschnaufpause. Als wäre ich auf dem
Weg der Besserung. Doch in diesem Alter starb das
bisschen Unschuld, das mir noch geblieben war, endgültig, und ich verhärtete mich innerlich. Um zu überleben, um mich zu schützen vor den Schäden, die
unser Vater uns zufügte und vor denen ich geflohen
war, die mich aber noch immer quälten. Meine ersten
Heimreisen waren schmerzhaft, meine Mutter verbarg
ihre Traurigkeit hinter einer Maske, und ich tat so, als
sähe ich ihre blauen Flecken nicht.

Schließlich fuhr ich an den Wochenenden gar nicht mehr nach Hause, ich weiß nicht mehr genau, wie ich mich mit den Schwestern geeinigt hatte. Damals stellte niemand Fragen, selbst wenn die Misshandlungen kein Geheimnis waren. Feige ließ ich meine Mutter mit ihm allein, so wie alle Grundschullehrer und Lehrer uns allein gelassen hatten. Trotz meiner Selbstsucht, meiner Zurückweisung, meiner Fluchten und meines Fernbleibens freute sich meine Mutter ihr ganzes Leben lang für mich. Nie Vorwürfe, nie Urteile, immer ein wohlwollendes Lächeln. Nie ein Zwischen-den-Zeilen, eine Andeutung, ein »Warum meldest du dich nicht mehr?«. Manchmal trafen wir uns in der Nähe der Post oder vor dem Internat. Eilig, da ihre Ausflüge von meinem Vater durchgetaktet waren.

Mit meiner Schwester verabredete ich mich in der Stadt. Sie war vier Jahre älter als ich, und auch wenn Äußerlichkeiten für uns immer etwas Abstraktes gewesen waren, hatte sich ihr verführerischer Charme außerhalb des Elternhauses entfaltet. Ich nahm ihn nicht deutlich wahr, ich bemerkte nur das Verhalten der Männer, wenn sie sich in dem Lokal, in dem sie arbeitete, nach vorn beugte und den Stammgästen ihre drei Deziliter *Goron* einschenkte. Wie ich schon sagte, war sie nicht gerade intelligent. Aber sie konnte gut mit Menschen. Einfach so loslachen, sie mit einer ungezwungenen Bemerkung unterhalten, mit einem Hüftschwung ködern, sie alle verzaubern, Alte, Zaghafte, launische Kinder, kratzbürstige Frauen. Sie verführen. Alle und allzu sehr ... Sie war herausfordernd, eine echte Aufreißerin, und mir waren ihre Brüste unangenehm, die man unter den Blusen oder den Kleidern erahnte, die immer etwas tiefer ausgeschnitten waren, als es sich gehörte. Sie war meine Schwester, allein deshalb liebte ich sie. Ich schaute regelmäßig in der Bar vorbei, sie trank viel, lallte, umarmte mich, und ich ging wieder. Ich bekam nie genug von ihrer beruhigenden, aber scheinbar undurchschaubaren Ausstrahlung. Sie war in einer Einzimmerwohnung über der Kneipe in der Rue de Conthey untergebracht, die ihrem Chef gehörte. Ich verstand erst spät, was sie dort machte und warum die Gäste so nett zu ihr waren. Ich versuchte oft, über unseren Vater zu reden, sie wirbelte immer um das Thema herum, scherzte oder gab allenfalls zwischen zwei Seufzern ein »Vergiss es, Jeanne, so ist es halt« von sich.

Kurz nach den Weinleseferien, ich hatte gerade mein letztes Jahr in Angriff genommen, lud sie mich zum ersten Mal zu sich nach Hause zum Essen ein. Ich stieg die schiefe Treppe hinauf, ihre Wohnung befand sich unter dem Dach eines dieser winzigen, für Altstädte typischen Bauwerke. Ich roch den strengen Pissegeruch von den Säufern dieser »Kneipenstraße«, die traurigerweise genauso aussieht wie in jeder anderen Kleinstadt auch. Ihre Wohnung war winzig. Ein Schlafzimmer oder vielmehr ein Bett, die knallbunte Decke war mit Plüschtieren überhäuft, was ihre Unreife verriet. Vorhänge trennten ihre Schlafstätte von der notdürftigen Kochnische mit einem Tisch, zwei Stühlen, einem wackeligen Holzhocker. Die Dusche auf dem Gang wurde geteilt. Es war schäbig, ihre Ausschweifungen waren an Details zu erkennen. Leere Weinflaschen türmten sich in Kisten oder direkt auf dem Boden, schmutziges Geschirr, ein von Zigaretten überquellender Aschenbecher, viele mit dem Abdruck ihres bonbonrosafarbenen Lippenstifts. Trinkst du einen Wein, Jeanne?

Ich saß auf dem Holzhocker, ihre Hände zitterten, als sie mein erstes Glas einschenkte. Ich blickte zu ihr auf, musterte sie andächtig. Sie war noch keine fünfundzwanzig, ihre Gesichtszüge schon eingefallen, wie immer wich sie meinem Blick aus. Ich konnte nur Vermutungen über sie anstellen, da sie sich noch nie tiefgründig mit mir unterhalten hatte. Das konnte sie nicht. Wie ich floh sie vor dem, was in ihr lauerte, indem sie scherzte, zu laut und zu anstößig lachte.

Mein Umgang damit schien mir ehrenvoller. Mein Weg, für den ich mich mit Eifer entschieden hatte, indem ich mich durch Bücher und Hausaufgaben von ihnen abschottete. Dieses einsame und zurückgezogene Leben hielt mich aufrecht. Heute weiß ich, dass meine Selbstachtung mich formte und zufriedenstellte, nie hätte ich es hingenommen, dass man mich für ein leichtes Mädchen hält. Denn das war sie. Leicht zu haben und lieb. »Erinnerst du dich an Emma? – Emma? – Die Blonde … – … ja klar, dieses hübsche, ein bisschen doofe Mädchen, das hier früher gearbeitet hat. Die hat einem doch spottbillig einen geblasen?«, unterhielten sich zwei Männer in der Bar, in die ich einige Jahre später zurückgekehrt war, um meine Erinnerungen aufleben zu lassen.

»Wie geht's dir?«

»Nicht besonders.«

»Was ist denn los?«

»Ich mach Nudeln, okay?«

Sie lenkte vom Thema ab. Sie stand auf, griff nach einem Topf, hielt mitten in der Bewegung inne. Ihre Schultern zuckten plötzlich, ohne Vorwarnung wurde ihr Rücken von geräuschvollen Weinkrämpfen geschüttelt. Ihre Schluchzer brachen mir das Herz, aber ich war wie gelähmt, nicht fähig, aufzustehen und sie zu trösten.

Sie setzte sich wieder, ihr Gesicht war gezeichnet von Traurigkeit, zerfurcht von der zerlaufenen kohlschwarzen Wimperntusche, sie füllte ihr Glas randvoll.

»Es ist meine Schuld, ich ziehe es an.«

Damit begann ihre abendliche verzweifelte Beichte, in der sie Früher und Heute vermengte. Sie war schwanger, »ein Unfall«, stellte sie klar, verliebt, hatte sich ausgemalt, diesen netten Möbeltischler aus einem

Dorf im Tal zu heiraten, hatte sich ein ganz unschein-
bares Leben erträumt: »Dabei war er doch so ein lieber Kerl, verstehst du?« Und ob ich das verstand! Lieb!
Diese gute Eigenschaft, die wir nie gekannt hatten, die
mein Herz mein Leben lang immer wieder aus dem
Takt bringen sollte. Er hatte gesagt, sie solle abtreiben,
sie war aus allen Wolken gefallen, hatte gedacht, er sei
auch in sie verliebt, weil die beiden gemeinsam eine
Woche in Rimini verbracht hatten: »Man fährt doch
nicht eine Woche zusammen weg, wenn man nicht verliebt ist, was meinst du, Jeanne? Warum also, warum?
Weißt du, was er mir darauf geantwortet hat? Direkt
ins Gesicht? ›Ich kann doch kein Flittchen heiraten!‹«

Schluchzer, geleerte Gläser, der Schlusspunkt.

»Das hat Papa immer zu mir gesagt, dass ich bloß 'ne
Nutte bin, dass ich sie aufgeile.«

An einem einzigen Abend erfuhr ich, was ich nie
bemerkt hatte. Ich hatte nichts gespürt, nicht einmal
vermutet: »Es fing an dem Abend an, als er dich geschlagen hat und der Arzt gekommen ist, erinnerst du
dich?«

Und ob ich mich erinnerte …

»Na ja, nicht so oft, vielleicht zehnmal.«

»Zehnmal, was?«

Sie, die er am Tisch verspottete oder vor den wenigen Leuten, die wir trafen, eine dumme Gans nannte.
Diese dumme Gans hatte er vergewaltigt.

»Hat er dich vergewaltigt?«

»Vergewaltigt? Äh, nein, nicht wirklich. Ich glaube nicht. Er hat mich berührt, mich geküsst. Einmal, da war ich schon älter, habe ich ihn … na ja, sei's drum. Danach hat er jedenfalls nichts mehr gemacht.«

»Und Mama?«

»Die weiß nichts davon. Er hat gesagt, dass es an mir liegt, dass ich ihn aufgeile, es mit Absicht mache. Aber ich habe das nicht mit Absicht gemacht, ehrlich. Ich hatte halt Brüste. Er mochte sie.«

Das hat sie gesagt: Er mochte sie.

»Red keinen Stuss! Ein Vater hat die Brüste seiner Tochter nicht zu mögen! Ist dir überhaupt klar, was das heißt?«

»Ich weiß, dass das schlecht ist. Aber ich war seine Lieblingstochter …«

Es ist so widerlich und obszön, dass ich das Gefühl habe, daran zu ersticken. Ich leide mit ihr, ich hasse ihn. Noch mehr. Und meine Mutter, stumm, taub und blind, die Heiligkeit, die ich ihr zuschrieb und die ich verehrte, meine Familie war noch viel elender, als ich angenommen hatte. Ich würde sie gern trösten. Dazu bin ich nicht fähig. Seine Lieblingstochter.

4

Lausanne ist zuerst eine Flucht. Noch bevor ich meinen Abschluss als Grundschullehrerin erworben hatte, wusste ich, dass ich mein Studium fortsetzen würde. Nicht aus Ehrgeiz. Um zu entkommen. Glücklicherweise gab es in meinem Kanton keine Universität. So konnte ich noch mehr Abstand zwischen mich und meine Familie bringen. Zehn Kilometer hatten nicht ausgereicht, um Hass und Qualen auszulöschen, hundert vielleicht ... Diese Entscheidung war ebenso symbolisch wie lebenswichtig. Und außerdem, wie hätte ich auch mit zwanzig Jahren eine Klasse leiten und Elterngespräche führen sollen? Ich war unbeholfen, unfähig, normale Beziehungen, höfliche und alltägliche Unterhaltungen zu führen, sozial unangepasst. Das Studium schien mir die einzige Möglichkeit, mich zwischen meiner Wut und einem Anschein von Leben hindurchzuschlängeln. Und zu überleben.

Ich schlage mich allein durch, finde ein Zimmer mit einer Kochnische, einem Bad ohne Tür, winzig und ungemütlich, ein nicht allzu großzügiges Stipendium, ein zinsloses Darlehen. Ich treibe eine Stelle auf, um über die Runden zu kommen. Unmöglich, in einer Bar zu bedienen, zu viele Menschen. Oder in einem Geschäft oder auch in einem kleinen Laden, zu ungeschickt. Zufällig gibt es im Quartier Sous-Gare einen Kiosk in einem Häuschen, in dem ich nichts anderes tue, als zu-zuhören, zu bedienen, über den Zeitungen die Hand aufzuhalten. Guten Tag, Anonymität, Bedienung, auf Wiedersehen. Eine Schicht am Samstag und ein paar Stunden unter der Woche reichen aus, um meine Einkäufe zu bezahlen. Lausanne ist eine Auferstehung.

Ich entdecke die Bahnstrecke Sion-Lausanne mit spontaner Begeisterung. Auf der Höhe von Villeneuve sehe ich ihn zum ersten Mal. Den See. Hypnotisie-rend. Faszinierend. Wenn der Zug an ihm entlangfährt und ich ihn hinter dem Fenster erspähe, schließe ich mein Buch. Ganz gleich welches. Selbst einen Paul Auster, von dem ich gerade *Die New-York-Trilogie* ver-schlungen habe und für den ich seitdem eine naive glü-hende Verehrung empfinde, kann nicht mithalten mit den Blau- und Grautönen, die an manchen Tagen mit dem Himmel verschmelzen. Vom Zug aus erkenne ich Schaulustige entlang der Uferpromenaden, das Schloss Chillon und weiter hinten die alten Kähne, einer ist immer an derselben Stelle vertäut (jahrelang frage ich mich, wem er gehört).

Während seine schlichte und beruhigende Schönheit für viele ausreicht, um ihren Blick reinzuwaschen, ist der See für mich Komplize und Zeuge meiner Mauserung. Er betäubt mich, die Brandung beweist, dass sich mein Horizont von nun an weiter erstreckt als bis zu den Bergen meiner Kindheit. Ich hatte erst mit fünfzehn Jahren schwimmen gelernt, damals war ich die Einzige in der Schule, die noch nie im Schwimmbad gewesen war. Innerhalb eines Vierteljahrs hatte ich den Rückstand durch meinen Starrsinn, zu lernen, was Vater uns verbot, aufgeholt. Eines Sommers, in ihren frühen Jugendjahren, hatte meine Schwester gefragt, ob sie mit ihren Freundinnen ins Schwimmbad von Sion gehen dürfe: »Willst du denen etwa deinen Arsch zeigen? Schwimmbäder sind was für Nutten«, hatte er gegrölt, nur drei Zentimeter von ihrem Gesicht entfernt. Wir kannten auch keinen Urlaub, weder Meer noch Sand noch Kiesel. Weder italienisches Eis noch ausgelassenes Lachen noch orangefarbene Flügelchen noch Liegestühle.

Dass ich Lausanne so liebe, ist zunächst ihm zu verdanken, dem Genfer See. Er ist das Symbol für mein Exil. Die Leute und Bauwerke ähneln in keiner Weise meinem früheren Umfeld. Alles ist reicher. In jeder Hinsicht. Die Kleidung, die Frisuren, die Architektur, die Sitten und Bräuche, die in jedem Quartier unterschiedlich sind. Noch dazu kein Geflüster mehr im

Vorbeigehen, keine gesenkten oder feixenden Blicke, keine Scham. Es ist, als wäre ich eine andere. Weder wahrgenommen noch beobachtet. Ich schlüpfe nachmittags allein in einen Kinosaal, treibe in den steilen Straßen mein Unwesen, betrachte die Schaufenster der Luxusläden in der Rue de Bourg, entdecke, ohne mich hineinzutrauen, das schönste Kaufhaus, das Bon Génie. Ich besuche Ausstellungen, ohne sie zu verstehen, weil mein Auge darin nicht geschult ist. Den See bezwinge ich zuerst mit dem Blick. Ich gehe das Ufer von Ouchy bis Lutry entlang. Ich träume davon, mich freimütig ins Wasser zu stürzen, aber ich habe Angst. Ich bin nie irgendwo anders eingetaucht als in ein Becken mit Chlorwasser. Als ich mich endlich traue, ist das Gefühl stark, es hebt meine Brust mit einer kurzen, intensiven Freude. Ich bin fröhlich, erleichtert, weit weg zu sein von dem Ort, wo ich herkomme. Hundert Kilometer. Eine Lappalie. Dennoch haben diese Kilometer, einer nach dem anderen, meine Herkunft blank geschliffen, bis sie unsichtbar wurde. Oberflächlich. Wochenlang bezwang ich den Genfer See mit Schwimmzügen. Jedes Mal aufs Neue der Kälteschauer, das Prickeln an den Füßen, den Schenkeln, dem Bauch, dann die Beine beugen und ins Wasser gleiten, mit ausgestreckten Armen. Niemand da, um mir zuzusehen, um sich für meine Fortschritte zu begeistern, manchmal denke ich, wenn Mama das sähe … Also stelle ich sie mir über mir vor, wie sie mich mit zärtlichen Blicken verfolgt, lächelnd, stolz wie ein Pfau. Ich schwimme allein. Ich habe ein anderes Leben als sie. Das flüstert mir dieses Gewässer bei jedem kräftigen Stoß meiner Füße zu.

Ich lasse die Deckung fallen, entkrampfe mein Lächeln, wenn ich anderen begegne. Meine Schultern lockern sich, meine Augen staunen über den Anblick der unfassbar vornehmen Häuserfassaden. Semesterbeginn, neue Leute kennenlernen. Andersartige, genauso Schüchterne wie ich, Schlitzohren, Prahler, Komiker und Schlauberger. Das erste Mal bei einer Gruppe Studenten in einer WG eingeladen sein. Lachen, betrunken sein. Und reden, sich trauen, unverfänglich zu reden. Das ist neu, seltsam und großartig. Alles ist ein erstes Mal. Die Partys werden mit Alkohol und Musik aufgelockert, aber auch mit Erinnerungen an unsere Kindheit. Sie sind noch frisch im Gedächtnis, aber weit genug weg, so dass ich nichts riskiere, wenn ich zu viel preisgebe. Vor allem bei den harmlosen Plaudereien über unsere Kinderlektüren: Fantômette, alles von der Comtesse de Ségur, die Fünf Freunde, wer wolltest du immer sein? Du machst wohl Witze, es gab einen Mehrteiler im Fernsehen, ich war total scharf auf Ralph Bricassart …

Meine Vergangenheit, die ich so erbittert von mir zu weisen versuche, springt mir ungewollt an die Gurgel. Die bloße Erwähnung von Ralph Bricassart beamt mich auf der Stelle zurück ins Wohnzimmer meiner Familie. Meine Mutter und ich hatten *Die Dornenvögel* gelesen, wir freuten uns so sehr darüber, den Roman im Fernsehen zu sehen. Es war das erste Mal, dass die Figuren eines Buchs außerhalb meines Kopfs Gestalt annahmen. Mit den Füßen unter dem Po, an Mama geklammert, wurde ich ebenso sehr von der Geschichte wie vom Schauspieler Richard Chamberlain in den Bann gezogen, in der Rolle des berühmten Priesters, der zwischen seinem männlichen Begehren und seinem Priesteramt hin- und hergerissen ist. Mein Vater schielte kaum hin, mit besoffenem Blick. An den zweiten Sonntag erinnere ich mich noch. Ohne Vorwarnung brüllte er Mama an: »Na, du Schlampe, geilt dich diese Scheißgeschichte etwa auf?« Er stieß immer weiter unsinniges Zeug aus, im Mundwinkel dichter weißer Schaum. Ich wusste schon, dass seine Wut überkochen würde, bis es Ohrfeigen auf Mamas eingefallene Wangen hagelte. Wir haben nie mehr zusammen ferngesehen.

Ich verberge diesen Schmerz vor den anderen, vergrabe ihn in meinen Eingeweiden, die nach und nach von ihm zerfressen werden. Beiläufig nehmen mir diese Gespräche meinen Panzer, besänftigen aber weder meine Wut noch meine Scham. Ich bin so lange am Rande geblieben, meiner Familie, der Schule, der

Leute. Selbstgefällig glaubte ich, anders zu sein, und sollte nun begreifen, dass in meinem abgeschiedenen Zimmer dank den gewagten und rastlosen Lektüren ungewollt Bindungen entstanden waren. Dass ich im Grunde nicht komplett von der Welt ausgeschlossen war. Dass meine alltägliche, quälende Angst nicht alles verzehrt hatte. Familiendramen, -leiden und -verwicklungen spielen keine große Rolle, man merkt sie uns nicht unbedingt an.

Doch meine glühende Angst, die niemand je beruhigen würde, macht mich zu einer Meisterin darin, einer Frage auszuweichen, mitten im Gespräch zu verschwinden, wenn die Stimmung zu vertraulich wird. Ich bin das seltsame Mädchen. Zum Glück weckt mein Heimatkanton, besonders wegen seiner geografischen Lage und der leidenschaftlichen, tiefen Verbundenheit der Einheimischen mit ihren Werten und ländlichen Einstellungen, spontane Sympathie. Wenn ich das Gesicht verziehe oder in die Jacke schlüpfe, um mich mitten in der Unterhaltung aus dem Staub zu machen, ruft immer jemand: »Ach, diese Walliser, was für ein eigenwilliges Völkchen!«

Ich bleibe zynisch, desillusioniert und misstrauisch, schlau genug, mich nie zu sehr in Beziehungen einzubringen, und doch entsteht dank diesen leichten und heiteren jugendlichen Begegnungen, weit weg von zu Hause, allmählich eine Art Zuneigung für den Ort, aus dem ich komme. Ich trenne die Maschen meiner Vergangenheit auf, bis diese erträglich wird.

Ich komme wieder zu Atem in dieser Stadt, die ich auf Anhieb geliebt habe. Ich dränge meine Familie in die hintersten Winkel meines Kopfs und meines Lebens zurück. Nach einer Weile ist es, als hätte sie nie existiert. Manchmal, nachts, wenn ich im Dunkeln die paar Schritte durch mein Zimmerchen zur Toilette gehe, erscheint mir das Gesicht meiner Schwester. Ich stehe in Unterhosen da, mein Herz rast. Schnell taste ich nach dem Schalter. Das Licht lindert die Angst. Wenn sich der aufkeimende Kummer damit nicht unterdrücken lässt, schlage ich ein Buch auf und schlafe mit eingeschalteter Nachttischlampe ein. Mein Überlebensinstinkt ist stärker als diese Verbindung. Die Liebe zu meiner Mutter dümpelt irgendwo in meinem Inneren träge vor sich hin.

Von meinen familiären Obsessionen allmählich befreit, nehme ich sie zum ersten Mal wahr. Die Frauen ziehen mich in ihren Bann. Ich beobachte sie im Bus oder an der Supermarktkasse. Heimlich werfe ich ihnen verstohlene Blicke zu. Ihre spitzen übergeschlagenen Knie in den durchsichtigen Damenstrümpfen, ihre mal feinporigen, mal mit Rötungen oder Leberflecken übersäten Hälse, ihr Zögern, ihre bewusst oder unbewusst einschmeichelnden Posen. Ich sehe in ihnen Details, die den Frauen selbst entgehen. Kindliche Sommersprossen, ein goldbrauner Schimmer im Haar, zerbissene Lippen, glatte Waden, eine sich seufzend hebende Brust, viereckige oder mandelförmige Fingernägel. Trotz dieser eifrigen, peinlich genauen und gründlichen Beobachtungen schaffe ich es nicht, ihre Codes zu entschlüsseln. Mir gelingt es nicht, sie zu verstehen. Ich urteile voreilig und kleinlich, ich wittere die Eingebildeten oder Boshaften, die Verbitterten, die mit ihren verführerischen Tricks nicht um meine Unnachgiebigkeit herumkommen. Ich stecke die Menschen in Schubladen und wende dabei rein subjektive Kriterien an. Ich suche keinen Anschluss. Ich lasse immer mein Gegenüber die Initiative ergreifen.

Sie ist nicht der Typ Frau, nach der sich die Leute auf den ersten Blick umdrehen. Marine ist ein Lichtschein, der an einem Abendhorizont schimmert. Man sieht sie nicht gleich, dann erahnt man sie, sie flackert, schließlich strahlt sie so, dass man sich fragt, warum man sie nicht schon viel früher bemerkt hat. Marine ist ein tröstlicher Körper, ein rundliches Gesicht ähnlich wie das von Romy Schneider. Ich mustere sie unauffällig, als sie sich den schwarzen Wollpullover über den Kopf zieht. Flüchtig sehe ich ihre milchige Haut hervorblitzen, ihren gewölbten Rücken über der abgetragenen Jeans. Eine Lust, unmittelbar, völlig unbekannt, ergreift meinen Bauch.

»Na, ihr?«, wirft sie in die sechsköpfige Runde, die um den Resopaltisch herumsitzt. Sie umarmt Catherine, neckt José. Hat für jeden eine nette oder witzige Bemerkung parat. Neugierig bleibt sie vor mir stehen. Ich starre auf die tanzenden Funken ihrer kakifarbenen Iris, wie gelähmt von diesem Mädchen, das meine Sinne reizt. Es ist das erste Mal, dass mein Herz nicht aus Angst trommelt.

»Du musst Jeanne sein?«

Ich zucke bei der Vorstellung zusammen, dass jemand mit einer Unbekannten über mich gesprochen hat und sie es mich einfach so wissen lässt. Sie beugt sich vor und gibt mir herzlich Küsschen, mit einer Langsamkeit, die ich lustvoll finde. Abgesehen von meiner Schwester mit ihrer plumpen und animalischen Sinnlichkeit, hatte Sexualität für mich überhaupt nichts Greifbares. Sie nimmt einen Stuhl, setzt sich dicht neben mich an die Tischecke, ihr Knie streift meins. Ihre körperliche Nähe ist ein Auslöser. Ich spüre ein Kribbeln in mir, das ich rasch zurückdränge und einsperre. Am selben Abend zeigen sich mir die ersten Konturen der trotz meines Alters noch unerforschten Selbstbefriedigung. Gemächlich und ungezwungen beginnt meine Ausbildung in diesem Lausanner November, den ich hasse, weil ich nicht mehr im See schwimme. Dieser Lausanner November, in dem ich erlebe, dass die Kälte hier heftiger, schärfer ist als in den Bergen, dass die *Bise* nicht zu vergleichen ist mit dem warmen, typisch walliserischen Föhn. Sie peitscht mir gegen die Wangen, die eisige Feuchtigkeit durchdringt mich bis auf die Knochen, bis die Fingerknöchel und meine Lippen rissig werden. Dieser Lausanner November hat all den anderen die Absolution erteilt.

5

Der Alarm des Radioweckers schrillt durch mein Internatszimmer. Ich öffne die Augen, es muss etwas passiert sein oder ich habe einen wichtigen Termin. Ich erinnere mich nicht. Ich bin mitgenommen vom Alkohol und von den unsäglichen, widerwärtigen Geheimnissen, die mir meine Schwester anvertraut hat. Mir ist übel, der Geschmack des billigen Fusels vom Vorabend kommt wieder hoch. Mir bleibt keine Zeit, mir das Hirn und mein Innerstes zu zermartern, ich hetze zum Unterricht. Ich höre nicht zu, verliere mich in Emmas Enthüllungen und bekomme nicht mit, dass die Nonne, unsere Französischlehrerin, den Unterricht unterbricht, um an die Tür zu gehen.

»Jeanne! Der Herr Direktor möchte dich sprechen.«

Ich gehe den Flur entlang, in meine Grübeleien versunken. Dieser arglistige Satz »Ich war seine Lieblingstochter« beherrscht meine Gedanken. Der Direktor, ein netter, väterlicher Typ mit vorzeitig ergrauten Haaren, begrüßt mich.

»Setz dich, Jeanne.«

Er stammelt etwas, ich verstehe, dass es um meine Schwester geht.

»Meine Schwester? Was?«

Ich ahne, dass es schrecklich ist.

»Wo ist sie?«

Ich renne los.

»Jeanne! Nein, warte!«

Da bin ich schon weg, stürze die Querallee hinunter zur Hauptstraße, hetze hinüber, ohne auf den Verkehr zu achten, laufe wie eine Furie am Hexenturm vorbei, sprinte hindurch unter den majestätischen Kastanien-, Ahorn- und Lindenbäumen auf dem Vorplatz der Kathedrale. Unter meinen Turnschuhsohlen das Rascheln der Blätter, das Aufplatzen leerer Kastanienschalen. Als ich mit einem Keuchen auf den Lippen die enge, normalerweise für Fahrzeuge gesperrte Straße erreiche, verschandelt eine schwarze Limousine unheilvoll den Weg. Schaulustige, entfernt bekannte Gesichter, gekrümmte Rücken, sich machtlos wiegende Köpfe, raunende Lippen: »Das ist so grauenvoll!« Die Chefin meiner Schwester, eine einheimische Tussi mit sprödem, gebleichtem Haar, eingefallen und abgemagert bis auf die Knochen, packt mich behände am Unterarm, noch bevor ich durch den engen Hauseingang schlüpfe.

»Geh nicht hoch, Jeanne! Komm mit mir ins Lokal.«

Ihre liebevolle, mütterliche Stimme mit der für diese Region typischen Intonation bildet einen Kontrast zu ihrem extravaganten Kleidungsstil. Ich befreie meinen Arm aus ihren spindeldürren, faltigen Händen, nehme immer zwei der schiefen Stufen auf einmal, oben angekommen, empfängt mich ein »Mein Gott«. Die Tür steht offen, ich sehe nichts, zwei Polizisten füllen den ganzen Treppenabsatz aus. Ich dränge mich unsanft durch, sie halten mich ordnungshalber zurück. Ich trete ein. Sofort legt sich das Drama wie eine bleierne Decke über den Raum, bis die Luft drückend wird.

Sie liegt auf dem blanken Parkett, herausgeputzt in den Kleidern vom Vorabend. Ich kann ihr Gesicht nicht erkennen, jemand beugt sich über sie. Man führt mich ab, ich wehre mich, ein anderer Mann umklammert mit einer unerschütterlichen Kraft meine Schultern, mechanisch folge ich seinen Schritten. Er bringt mich in die Bar, die normalerweise um diese Uhrzeit geschlossen ist. Man bietet mir etwas zu trinken an, jemand streicht mir sanft über den Rücken. Ich sitze auf einem Barhocker. Draußen, eine Bewegung, Stimmen, trotz des halbherzigen »Bleib da!« der Unbekannten hinter dem Tresen ziehe ich den vom Nikotin vergilbten Vorhang auf. Zwei Männer, einer vorn, einer hinten, tragen einen schwarzen Sack. Ein Leichenzug. Die Tränen stürzen mir in Strömen aus den Augen, lautlos, während ich innerlich das Gefühl habe aufzuschreien. Das also ist ein Leben. Ein schwarzer Sack, mehr nicht.

Auf der anderen Seite der gepflasterten Gasse stehen sie, gekrümmt vor Schmerz. Mein Vater, die Hände in den Taschen. Man sieht nur seinen kahlen Schädel, so weit sackt sein Kopf nach vorn. Meine Mutter, aschfahl, klammert sich an ihrer grauen Strickjacke fest, eine Hand vor den Mund geschlagen. Ich bin wie erstarrt, Mama kommt auf mich zu, sie breitet die Arme aus, ich flüchte mich hinein, wir weinen leise. Unsere Brustkörper heben und senken sich in einer solidarischen Bewegung. Abgesehen von unserem Schniefen, ist kein einziger Laut zu hören, als hätte sich die Stadt aller Alltagsgeräusche entledigt.

An den folgenden Tagen beugt sich der Körper mechanisch den Verpflichtungen. Der Tod lässt alles erstarren. Augenblicke, die im ersten Moment nur die Bruchstücke einer banalen Szene sind, prägen sich für immer ein. Aus den Tableaus des mitten im Schwung angehaltenen Lebens formen sich Bilder. Die frische Trauer überlagert alle früheren Tode.

Ich erinnere mich nur an einen einzigen trauervollen Augenblick, als ich als Kind das Wohnzimmer eines alten Onkels betrete, wo ehrfürchtige Stille herrscht. Er liegt in der Mitte des Raums, aufgebahrt in einem offenen Sarg. Ich habe keine Angst, vielleicht finde ich es sogar natürlich. Ich bin beeindruckt von den ernsten Mienen der Erwachsenen. Meine Mutter nimmt

Emma und mich mit nach draußen. Wir verstecken uns unter der Treppe, in der Nähe eines modrig riechenden Kellers. Meine Mutter weint leise.

»Was hast du denn?«

»Ach, nichts.«

»Warum weinst du dann?«

»Weil ich Angst habe.«

Ich selbst fürchtete mich nur vor meinem Vater. Zum ersten Mal trat der Tod plötzlich in mein Leben, und er schien mir ganz normal. Ich verstand die Angst meiner Mutter nicht. Aus Loyalität, und weil sie eine Erwachsene ist, glauben Emma und ich ihr – der Tod ist entsetzlich.

Wollte meine Schwester uns mit ihrem plötzlichen Weggang für immer verängstigen oder hatte sie es auf Vater abgesehen? Dachte sie, sie könnte uns aufrütteln und etwas verändern? Oder hatten sie die Zurückweisung dieses Mannes, die Abtreibung oder das ungeborene Kind in eine so dichte Finsternis gestürzt, dass Sterben für sie bedeutete, nicht mehr zu leiden? Ich will nicht wahrhaben, dass Sterben der einzige Weg ist, um seinen Schmerz zum Schweigen zu bringen. Das ist zu kategorisch, das bedeutet, gegen unseren Vater zu verlieren. Ich will nicht wahrhaben, dass es mir nicht gelungen ist, sie zu retten.

Emma kannte die Trauer und die Schuldgefühle, wenn der Tod einen plötzlich überrascht, besser als ich.

Noch am selben Abend, nachdem wir diesem entfernten Verwandten die letzte Ehre erwiesen haben, beim Essen, wahrscheinlich um die in Gegenwart meines Vaters drückende Stille zu durchbrechen, sagt Emma mit ihren zehn Jahren: »Es ist schrecklich zu sterben.« Mama versucht, sie zu beruhigen, sie, die uns noch vor wenigen Stunden ihre eigene Angst gestanden hat. »Du findest es also schrecklich zu sterben? Du dumme Gans, wir verrecken alle irgendwann.« Durch einen blöden Zufall schleicht Micky vorsichtig im Flur vorbei. Ich sehe ihn im selben Moment wie mein Vater, da wir beide mit dem Blick zur Küchentür sitzen. Er springt vom Stuhl, stürzt sich auf das Tier, packt es am Nacken, hält es mit festem Griff über den Tisch und meiner Schwester vors Gesicht. »Es ist also schrecklich, wenn ein alter Sack stirbt, du dumme Gans? Antworte gefälligst! Das findest du schrecklich, ja?« Der Kater miaut wie ein Verdammter, seine Pfoten hängen in der Luft. Mit der freien Hand packt mein Vater Emma am Arm, ihr bleibt nichts anderes übrig, als ihm zu folgen. Ich klebe an meinem Platz fest. Wasser läuft in die Badewanne, Emma heult, das schrille Schreien des Katers durchbohrt mich, mein Vater brüllt: »Halt's Maul, Katz.« Er hat Micky ertränkt, es hat lange gedauert. Er zwang Emma, die Szene mit anzusehen, und ihr geliebtes Tier anschließend in einer Ecke des Gartens zu begraben. Er stand da, ein Bier in der Hand, und grölte immer wieder »schneller, du dumme Gans«, was die ganze Nachbarschaft hörte, ohne etwas zu unternehmen, wie immer. Als es vorbei war, war es draußen dunkel, meine Mutter brachte mich ins Bett. Durch die Wände hörte ich Emma ununterbrochen weinen. Schritte, das Klatschen des Gürtels. »Ihr zwei anderen, tröstet sie bloß nicht, oder ihr fangt euch auch eine.« Emma sprach eine ganze Woche lang kein Wort.

Ich musste ihre Entscheidung in Ehren halten. Die Geheimnisse nicht begraben wie ihren sinnlichen, vor zwei Tagen noch überaus lebendigen Körper. Nicht zur Komplizin dieses Dreckschweins werden. Das Begräbnis bekam ich nur flüchtig mit. Ein paar Eindrücke, dieses Foto von ihr auf dem billigen Holzsarg, das mindestens fünf Jahre alt war, die Raubvögel aus dem Dorf, die angeschossen kamen, um den Sarg mit Weihwasser zu besprengen, während sie heimlich auf unsere leidenden Gesichter spähten. Ich vergoss keine einzige Träne. Meine Mutter, würdevoll, steif, für alle undurchschaubar, ich spürte ihren Schmerz in jeder ihrer Bewegungen. Wir mussten ertragen, dass sich das gesamte Dorf, Freunde, Bekannte wie ein Tausendfüßler Meter für Meter den Mittelgang der Kirche einverleibte und meine Schwester in ihrem zugenagelten Sarkophag segnete. Wir armen Teufel warteten mit gesenktem Kopf. Familienmitglieder, die Emma seit Jahren nicht gesehen hatten, blickten dem Anlass entsprechend drein. Ich hätte mir eine Feier im kleinen Kreis gewünscht, ich hatte meine Mutter und den Priester angefleht. Ausgeschlossen. Damit hätte man seinen Namenszug unter eine Sünde gesetzt. Bei uns werden auch heute noch die Todesanzeigen mit Foto hinten in der regionalen Zeitung abgedruckt. Damals erlaubten Scheinheiligkeit oder christlicher Aberglaube noch keine diskrete Grabinschrift wie: »Aus freiem Willen gegangen«. Scharenweise waren sie gekommen, aus diesem Provinznest, das weithin für mangelnde Solidarität und eine Neigung zur Boshaftigkeit bekannt war, um sich an unserem öffentlichen Leid zu weiden. Die Wut, mein ständiger Begleiter, schlitzte mir den Bauch auf. Ich hätte in der Öffentlichkeit nicht schwach werden dürfen. Doch ich schaffte es nicht. Kaum auf dem Kirchplatz, schmerzerfüllt, explodierte ich. Es war hässlich, besudelte die Würde dieses Augenblicks. Mein Gedächtnis, eigentlich immer unerbittlich und tadellos, hat den Monolog gelöscht, den ich meinem Vater ins Gesicht gespuckt habe. Eine Tante, die ich kaum kenne, eine Schwester meiner Mutter, zerrte mich mit sich fort, als ich, daran erinnere ich mich noch genau, schrie: »Du hast sie vergewaltigt, du hast sie umgebracht.«

Mein Abschied von meiner Schwester endete oben auf diesen Steinstufen.

Man brachte mich mit Gewalt ins Internat zurück. Ich sprang wie wild herum, stieß Beleidigungen aus, geiferte, der Mann meiner Tante ohrfeigte mich: »Sie hat einen Nervenzusammenbruch, ruf einen Arzt.« Eine Cousine blieb über Nacht als Anstandsdame. Ich kam zu mir, schlief wieder ein, wachte weinend auf. Düstere Alpträume, mein Vater, wie er mich würgt. Ich bekomme keine Luft, ich höre Schreie, die Internatsaufseherin: »Ich rufe die Polizei.« Er ist da, völlig betrunken. »Ich bring dich um, du dreckiges Miststück!« Ich reagiere nicht, benebelt von den Medikamenten.

»Komm bloß nicht mehr zurück, sonst bringe ich dich um! Hast du das verstanden, du dreckige Schlampe?«

Ich kam nicht mehr zurück. Dank seiner Drohung, wahrscheinlich ein Anfall von Wahnsinn, Hass, ja sogar Schmerz, gehorchte ich ihm. Unternahm alles, um ohne sie zu leben, um mich aus dieser Melasse zu befreien, in der ich feststeckte. Ich wurde metallisch, nüchtern, legte mir einen Harnisch an, mein Schuljahr schloss ich nicht besonders brillant ab. Zur Zeugnisvergabe lud ich sie nicht ein. Keine Anerkennung, keine Dankbarkeit. Leben oder verrecken. Ich hatte mich entschieden.

6

Von Anziehungskraft, Verlangen oder gar meinen Vorlieben wusste ich nichts. Nichts. Dass mich Sex mit zwanzig Jahren so gleichgültig ließ, lag daran, dass ich für jede Art von Lustgefühl unempfänglich war. Immer auf der Lauer zu liegen hatte mein gesamtes Wesen in Anspruch genommen. Geist und Körper. Die Bewegungen meines Vaters vorauszusehen, in permanenter Angst zu leben. Tagein, tagaus. Sich auf dem Heimweg von der Schule zu fragen, ob er da sein, ob er besoffen, ob er gereizt sein würde. Nach Atem zu ringen, beim leisesten Geräusch, oder schlimmer noch, beim Klang seiner Stimme, seiner Art, die Schuhe hinzustellen oder hinzuwerfen, und ständig die Luft anzuhalten, am Tisch oder im Badezimmer, beim Hausaufgabenmachen oder Lesen. Mein Körper ist ein Schutzwall – nie entspannt, die Beine immer nervös, fluchtbereit. Mein Körper ist ein Radar – meinen Vater aufspüren, den Nacken beugen, aber den Blick aufrecht halten, Kopf und Schultern einziehen, da lässt der Stiernacken nicht lange auf sich warten. Mein Körper tut weh, und ich leugne die Schmerzen, Sodbrennen, ein Geschwür mit zwanzig Jahren, der Rücken eine einzige Katastrophe. Mein Körper existiert nicht, mein Körper kennt weder Trost noch Vergnügen. Mein Körper gehört mir nicht. Mein Herz ist ausgehöhlt. Der Traum im Kopf, die Hoffnung im Geist, mächtiger als ich, mächtiger als alles: Weggehen.

Als ich Marine sehr viel später gestand, dass ich in meiner Jugend nie auch nur einen einzigen Gedanken an Sex hatte, rief sie: »Aber das ist doch unmöglich … es denken doch alle an Sex! Das ganze Leben dreht sich doch um Sex!«

Ich wurde tot geboren.

Ein Mädchen jedoch hatte mich wahnsinnig aus der Fassung gebracht, kurz nach meinem Umzug nach Lausanne und dem verstohlenen Herzklopfen bei Marine … Dieses Mädchen war unwirklich, so wenig Ähnlichkeit hatte sie mit allem mir Vertrauten. Eines Tages, als sie sich im Unterricht lässig das Jäckchen auszog, fiel mir das Etikett im Futter auf: Chanel. Auch von modischem Beiwerk hatte ich keine Ahnung, aber Chanel war mir ein Begriff. Das ist was für die Reichen, predigte Mama, wenn Emma »oh, wie schön« piepste, während sie sich durch die Modeseiten einer der Zeitschriften blätterte, die ihr eine Freundin ausgeliehen hatte.

Während Charlotte mich umhaute, machte ich sie neugierig. Das spürte ich sofort. Sie hatte gute Umgangsformen, passte die Stimme an, warf beim Lachen den Kopf zurück. Sie war unerschrocken, sie flirtete mit allen, den Lehrern, Jungen und Mädchen. Sie war tagelang abwesend, zufällig erfuhr ich, dass sie für Fotos posierte. Riesengroß, mit ellenlangen Gliedern war sie nicht unbedingt hübsch. Ein Gesicht wie ein Vögelchen, eine zu platte Nase, zu tief liegende Augen. Doch ihre Bildung, ihre Herkunft, wie sie sich in Schale warf, was sie aus ihrem Äußeren machte, ließen sie unwiderstehlich sein. Dieses Mädchen war Angeberei. Dieses Mädchen war Kino. Und Kino ist nicht das echte Leben. Ich hätte es wissen müssen.

Wäre Charlotte nicht auf mich zugekommen, hätte ich nie auch nur den kleinsten Versuch unternommen. Doch als sie sich mir zuwandte, ließ ich es geschehen. Ich konnte nicht widerstehen. Sie war der lebende Beweis dafür, dass die Spuren, die mein Vater hinterlassen hatte, nicht zu lesen waren. Sie baute sich vor mir auf, ich aß gerade ein belegtes Brot auf einer Bank, und sie traute sich, mir sanft übers Haar zu streichen. Langsam, von meinem Haaransatz bis zu meinem Pferdeschwanz. Ohne Hemmungen, mit einer Unverfrorenheit, die mich gleichzeitig verblüffte und lähmte.

»Hast du schon mal eine Haarmaske probiert?«

Ein anderer Planet prallt auf mich. Ich hatte mein ganzes Leben auf den Verstand gesetzt, und dieses Mädchen, genauso aufregend wie klug – das weiß ich, denn wir besuchen einige Seminare zusammen –, wirft mir diese Friseurinnenfrage an den Kopf. Sie setzt sich, streift absichtlich (so scheint es mir) meinen Arm und spricht sehr ernst über meinen Strubbelkopf: »Deine Haare sind schön, aber du solltest sie besser pflegen.« Sie hält einen Monolog, ich kann weder sprechen noch mitreden. Ich bin gleichzeitig bestürzt von ihrer Oberflächlichkeit und wie erstarrt von ihrer draufgängerischen Ausstrahlung.

Charlotte fügte sich perfekt in jedes Gespräch ein, in jedes soziale Umfeld. Sie wechselte innerhalb einer Sekunde von Belanglosigkeit zu Tiefgründigkeit. Sie brachte mir bei, *Das Schöne* zu sehen, wie sie es hochtrabend (fast schon lächerlich) nannte. Erstklassigkeit zu schätzen, ohne dabei nach intellektuellem Anspruch zu unterscheiden, egal, ob es ums Kino oder um eine Creme ging, ein Gemüse oder einen Roman. Sie kam aus einer dieser gutbürgerlichen Familien, die ich durch meine Lektüren und Wunschvorstellungen idealisiert hatte. Ich himmelte ihre stattliche Erscheinung und ihren Wohlstand an. Ich war fasziniert von der Art, wie sie das Handgelenk beugte, von ihren lackierten Nägeln, ihrem siegessicheren, immer vorgereckten Kinn, ihrem Nacken, von dem sie wusste, wie zartgliedrig er war, und den sie mit einem Ballerinadutt gekonnt in Szene setzte. Ich war betört von ihrer Herkunft oder der Art, wie sie das Bein unter sich anwinkelte. Ich verliebte mich in dieses Bild, das bewies, dass ich meine Umgangsformen geschliffen hatte.

»Man muss die Schönheit in sich aufnehmen«, behauptete sie. »Augen und Finger schulen. Das lernst du, indem du beobachtest und berührst. Mit Menschen funktioniert es genauso. Ich habe dich ja auch erkannt unter deinen fadenscheinigen Klamotten.« (Sie benutzte tatsächlich dieses affige Wort.)

Sie funkelte geradezu, und ich konnte nicht fassen, dass sie sich für mich interessierte. Für sie war ich exotisch und eigenwillig. Ich glaube, sie hatte sich in den Kopf gesetzt, mich zu schulen. Das war kein leichtes Unterfangen. Natürlich war ich irritiert, als sie mein Gesicht in ihre Hände nahm und mich mit großen Augen küsste. Sie war nicht gefräßig, sehr gekünstelt, theatralisch. Instinktiv spürte sie, dass ich eingeschüchtert war, völlig unerfahren, und sie verstand es, mich zu zähmen, indem sie sich selbst durch meine jungfräulichen Augen sah. Ihre zärtlichen Hände in meinem Haar, ihre Zunge in meinem Mund. »Einfach alles an dir ist köstlich«, flüsterte sie. Sie setzte die Eroberung meines Körpers mit ihrem Mund fort, ohne großen Elan, aber mit akademischem Eifer. Ich genoss das schwache Knistern in meinem Bauch, ich schloss die Augen und sog ihren Duft ein, weniger verzaubert von ihr, als vielmehr berauscht von meinem Sieg über die Vergangenheit.

Ich kannte die Wärme sich gemeinsam erhitzender und schwitzender Haut nicht, ich wusste nicht, dass man Augen küssen, Brüste lecken, Hintern mit beiden Händen packen konnte, ich hatte keine Vorstellung davon, dass man an Achselhöhlen riechen und an einer Vulva schlecken konnte. Ich wusste nichts, und im Grunde war es mir völlig egal. Ich war kalt. Ich täuschte vor, ich übertrieb, ich imitierte Charlotte. Ich liebte die Vorstellung, aber mein Körper spürte nichts. Ich liebte das Danach, die Nächte, in denen unsere Beine ineinandergeschlungen waren, in denen sie ihren Atem in meinen Nacken hauchte. Ich liebte dieses neue einengende Zusammensein. Ich liebte, dass sie mich liebte.

Sehr bald verließ ich meine schäbige Einraumwohnung, um bei ihr einzuziehen. In jeder Hinsicht vereinte sie das Notwendige und das Oberflächliche. Sie verkündete zum Beispiel glattweg, wobei sie selbst losprusten musste: »Im Sommer schlafen wir auf Leinen, und im Winter auf ägyptischer Baumwolle!« Ihr Turteln ging mir runter wie Öl, geschmeichelt, dass mich ein Mädchen von ihrem Rang liebte. Abends zündete sie Kerzen an in unserer Zweizimmerwohnung in der

Avenue de France: »Selbst, wenn man nur Brot isst, sieht es mit Schatten und einer flackernden Kerze gleich viel feiner aus.« Sie nahm das zum Anlass und las mit lauter Stimme und Nachdruck eine Stelle aus *Lob des Schattens* vor, um zu zeigen, dass sie nicht ganz so geistlos war. Sie ergatterte alte Bettlaken aus dicker Baumwolle oder besser noch aus Leinen und arbeitete sie in Tischdecken um. Sie ließ einen Zweig in eine Glasflasche fallen, und schon veränderte sich das Ambiente. Sie scheuerte ein altes Möbelstück blank, das sie nach einer Entrümpelung auf der Straße gefunden hatte, besserte es aus, bis es majestätisch wirkte. Im Nachhinein würde ich begreifen, dass sie mit mir dasselbe machte, dass sie mich schliff, um mich in einer annehmbareren Form zu neuem Leben zu erwecken. Wir waren völlig lächerlich, zurückgezogen, ein ungleiches Paar, wobei unsere Wunden heilten, ohne dass wir davon wussten. Je mehr Polyester-Pullover ich gegen neue austauschte: »Wenigstens aus Merinowolle, Kaschmir kommt dann später«, wetterte sie. Je mehr ich mich bemühte, nicht zu teure Lederschuhe zu finden und eine schlichte, gut sitzende Jeans aufzutreiben, desto höher trug ich den Kopf und desto weniger armselig fühlte ich mich. Diese Inhaltslosigkeit lenkte mich von meinen Qualen ab und bot mir vor allem eines, Abwechslung. Der Vorgeschmack von Verführung schmeichelte meinem Stolz.

Mein Haar gebändigt durch das Gemisch aus Eigelb und Öl oder die Shampoos, die sie mir schenkte, die Wimpern schwer unter der Mascara, ertappte ich mich an einem frühlingshaften Morgen dabei, wie ich mit einem Verkäufer schäkerte. Hinter meinem neuen Aussehen ließ sich meine Herkunft nicht mehr erahnen. Niemand hätte sich vorstellen können, dass sich vor dem Haus meiner Kindheit Autoschrott türmte, dass die Leute sagten, »die Tochter des Kesselflickers«, dass das ganze Haus nach dem billigen Wein meines Vaters stank. Mit jedem Tupfer Glanzlack, den ich auf mein Erscheinungsbild auftrug, verblasste meine Herkunft, wurde meine Wut gedämpft. Charlotte hatte mich salonfähig gemacht. Und ich verlor mich.

Als ich den Laden mit meiner Einkaufstasche verließ, jubelte ich einen Moment innerlich, mit geschwellter Brust. Ein paar Meter weiter fiel es mir wie Schuppen von den Augen – ich verleugnete meine Familie und damit indirekt auch meine Mutter. Ich hasste ihre Opferrolle zutiefst, ich nahm es ihr übel, dass sie nicht geflohen war, um uns zu beschützen. Mit acht Jahren hatte ich sie nach meiner Tracht Prügel angeschrien: »Warum gehen wir nicht weg von hier?« Sie hatte den Blick gesenkt, ihn wieder gehoben, mit Tränen gefüllt, und die Schultern hochgezogen: »Wo sollen wir denn hin?« Sie war gebunden, mit Händen und Füßen, ohne Ausbildung, ohne eine Vorstellung davon, dass andere

Lebensformen denkbar waren. Ich kannte mich inzwischen aus mit feinen Umgangsformen.

Wegen meiner Wichtigtuerei am Obst- und Gemüseregal packten mich Scham und Schuld bei der Kehle. Seit vier Jahren hatte ich keinen Fuß mehr in mein Bergdorf gesetzt. Die Beerdigung meiner Schwester, das Leid meiner Mutter, der Skandal, den ich ausgelöst hatte. Weder ein Anruf noch ein Brief noch eine Postkarte, ich hatte alle Brücken hinter mir abgebrochen. Klipp und klar, wie man bei mir zu Hause sagt. Charlotte kannte mein früheres Leben nur in groben Zügen. Ein paar Bruchstücke, die Zuneigung zu meiner Mutter, Emmas Selbstmord, der Abscheu meinem Vater gegenüber und meinen Hass, doch den täglichen Terror hatte ich heruntergespielt. Allzu beschönigte Erinnerungen an die Stunden, wenn ich über meinen Heften vor mich hin träumte oder bis tief in die Nacht las. Der Moment war gekommen, in den Schoß der Familie zurückzukehren. Ohne viele Worte zu verlieren oder herumzudrucksen, verkündete ich, sobald die Tür ins Schloss gefallen war, dass ich am Samstagnachmittag meine Mutter besuchen würde.

»Ich komme mit.«

»Nein, ich will lieber allein fahren.«

»Aber ich will doch wissen, wo du gelebt hast, dein Haus sehen, deine Mama kennenlernen.«

»Sie weiß noch nicht mal, was eine Lesbe ist.«

»Dann tun wir eben so, als wären wir gute Freundinnen. Ich komme mit. Und damit basta!«

Am Montag rufe ich meine Mutter an, zu einem Zeitpunkt, als ich meinen Vater auf der Arbeit vermute. Ein Klingeln, zwei, mein Herz trommelt, drei, da höre ich sie.

»Mama?«

»Oh! Jeanne ...«

Ihre Stimme ist von Tränen erstickt, mir schwillt vor verunglimpfter Liebe die Brust. Wir vereinbaren ein Treffen für Samstag gegen fünfzehn Uhr.

»Wird er da sein?«

»Ich weiß es nicht. Ich sage ihm, dass du kommst. Das muss ich.«

Charlotte tritt schon am Samstagmorgen unruhig von einem Fuß auf den anderen, ich bin verängstigt vor Aufregung und Panik. Wir steigen in den Zug, diese Strecke, auf der mich der Anblick des Sees immerfort beeindruckt. Das Blau des Wassers leuchtet und zerfließt mit dem Himmel. Ich sage zu Charlotte, dass ich mich am liebsten durch das Fenster hineinstürzen würde. Sie hasst Wasser, sieht in dem See nur einen fotogenen Reiz und ein typisches Schweizer Postkartenmotiv. Sie wird nie verstehen, wie dieser See den Schmerz von meiner Haut gescheuert hat. Zum ersten Mal wird mir die Leere unserer Beziehung bewusst. Ich schiebe diese einsetzende Erkenntnis auf die Anspannung, die mich bei der Vorstellung beherrscht, in dieses Haus zurückzukehren. Wie gewöhnlich quatscht sie, um die Stille zu füllen. Am Bahnhof klettern wir in das Postauto, das sich bis zum Dorf die Straßen hinaufschlängelt, ungefähr zehn Kilometer außerhalb der Stadt. Es ist der Höhepunkt der Reise für meine Gefährtin, die noch nie einen Fuß in eines der knallgelben Autos gesetzt hat, die in der ländlichen Schweiz herumfahren.

»Ich liiiiebe das Wallis so.«

»Charlotte, wir sind gerade mal fünf Minuten hier. Was kennst du denn schon vom Wallis?«

»Ich kenne es, ob du's glaubst oder nicht! Ich war mehrmals im Skiurlaub in Zermatt, also ja, das Wallis kenne ich sehr wohl. Übrigens, stell dir vor, als wir das erste Mal in Crans-Montana waren, hat meine Mutter doch tatsächlich einen Range Rover verlangt! Nur für eine Woche! Meine Mutter. Hysterisch und bescheuert, wie immer.«

Meine Mutter drehte jeden Rappen dreimal um, damit sie uns ernähren konnte, sie besserte die Kleidung aus, verkaufte unsere Bücher, um uns neue zu schenken … Ich werde übertrieben wütend, murmele in mich hinein, was ich ihr gern ins Gesicht schleudern würde. Was weißt du denn schon vom Wallis, Charlotte? Hier gibt es Hunderte schlichte Orte, die allein von der Natur geformt sind und dich zutiefst ergreifen würden, wenn du ein Herz hättest. Kennst du das ländliche Val d'Hérens, den unberührten Weiler von Forclaz, wo es kein einziges Touri-Restaurant gibt, der dir aber an nur einem Tag deine Seele spiegelt? Weißt du, dass es nicht ein Wallis gibt, dass die Menschen ein paar Kilometer weiter einen anderen Akzent haben, dass jeder seinen kleinen Flecken Land verteidigt, den er für den wunderbarsten Schatz auf Erden hält? Erinnerst du dich an das Mädchen, das im ersten Jahr mit uns an der Uni war? Sie kam aus Martigny, dieser windigen Stadt, und hat geschworen, dass selbst das Wasser bei ihr zu Hause besser ist. Weißt du, dass es Aprikosenbäume gibt, nur nicht überall, und dass die Bauern sie während der Blütezeit verhätscheln, weil ihnen die Angst im Nacken sitzt, durch den Frost ihren Lebensunterhalt zu verlieren? In eiskalten Nächten stellen sie Heizgeräte vor die Stämme. Dieses Flimmern im Morgengrauen ist so schön, dass es einem die Tränen in die Augen treibt. Es ist rührend zu wissen, dass hinter jedem Strauch ein Mann wacht. Weißt du, dass der Schluff in der Rhoneebene dem Spargel eine einzigartige Note einflößt? Dass es in Sion genauso viele Sonnenstunden gibt wie in einer südfranzösischen Stadt? Dass an manchen Orten Feigenbäume blühen? Und dass sie zwei Ernten im Jahr tragen, wenn der Baum zur prallen Sonne ausgerichtet ist oder besser noch an einer Wand steht? Ich weiß es,

Rachel, eine Lehrerin, die ich in der École normale sehr mochte, brachte uns einen ganzen Arm voll mit. Ich hatte noch nie eine gegessen, und dieser erste Bissen in eine frisch vom Baum gepflückte Feige ist doch etwas anderes als dein Obstbüffet im Fünfsternehotel auf diesem Berg, über den du nichts weißt. Denn die Berge sind nun mal eigen, ja, es ist hart hier, ja, eine Lawine bringt Leid oder Schlimmeres, weißt du überhaupt, Charlotte, dass wegen dieser verschlungenen Straßen, die weder Geschwindigkeit noch Alkohol verzeihen, fünf junge Leute aus meinem Dorf, alle gerade raus aus der Pubertät, bei mir um die Ecke gestorben sind? Wir sind nicht so fein wie ihr, das hast du mir tausendmal gesagt, wir sprechen schlecht und falsch. Wir gebrauchen Wörter, die niemand außerhalb unseres Kantons kennt. Und das, meine Liebe, wenn man wie ich einen scheußlichen Vater hat, der einem das Leben versaut, das schafft eine Identität. Denn so etwas wie eine Familienidentität habe ich nicht. Bei dir zu Hause sind die Bücherregale übergequollen, Bildung, Kultur in Hülle und Fülle, Geldsorgen kannte man nicht. Und trotzdem, schau dich doch nur an, Charlotte, du machst Modefotos, du wirst nie die Uni abschließen, und dein Bruder übernimmt eines Tages die Kanzlei deines Vaters. Und was wird aus dir? Findest du nicht, dass eher dein Gehabe rückständig ist? Du wirst einen Kerl heiraten, der wie dein Vater ist, dich liften lassen wie deine Mutter, dir Moonboots kaufen und sie nur zweimal tragen, dir die Nägel und die Lippen anmalen, um in einem protzigen Jeep in dieses Wallis zu kommen, von dem du behauptest, du würdest es kennen. Und was Zermatt angeht, Charlotte, ich werde sterben, ohne je einen Fuß dorthin gesetzt zu haben.

Ich sagte nichts von all dem. Ich hatte noch nicht gelernt, gut über meine Heimat zu reden.

Ich musste hierher zurückkommen, mit ihr, um zu verstehen, dass ihre feine, auf mich so anziehend wirkende Erziehung nur Schall und Rauch war, dass Charlotte weder verwurzelt noch tiefgründig noch authentisch war. Ich sollte eine Weile brauchen, um zu begreifen, dass die ungeheure Affektiertheit ihrer Familie auch nicht mehr wert war als mein animalischer Vater.

Wie närrisch begeistert sie sich auf den engen Serpentinen über das »unglaubliche« Können des Fahrers, findet es »einfach irre«. Sie macht mich ganz wahnsinnig, weil sie sich mehr für die Umgebung interessiert als für meinen Zustand, die Angst nicht wahrnimmt, die mir schwer im Magen liegt. Ich entdecke diese schroffe Landschaft wieder, als wäre ich erst gestern weggegangen, diese paar Dörfer zwischen Rebstöcken und trockenen Wiesen. Ich hätte noch nicht sagen können, dass ich Zärtlichkeit für diese Käffer empfand, die ich so sehr hatte vergessen wollen. Sie waren zu eng mit meiner Geschichte verknüpft. Mir fehlte der Abstand. Er würde noch lange fehlen.

Unsere Haltestelle. Mein Herz trommelt immer stärker, je weiter wir durch das Dorf zu dem abseits gelegenen Haus vordringen. Ich erinnere mich wieder an diesen Weg, auf dem ich in die Schule geprescht bin. Die zu engen Straßen sind eigentlich keine richtigen Straßen, sondern nur ein Weg ohne Gehsteig, wo keine zwei Autos aneinander vorbeikommen, wo wir uns als Kinder, zu Fuß unterwegs, viermal am Tag, dicht an die Mauern drängten, wenn ein Auto vorbeifuhr, ohne wenigstens abzubremsen. Manchmal wurden wir völlig durchnässt von einem Fahrer, der sich nicht um uns scherte und mit vollem Karacho durch ein Schlammloch bretterte. Im Winter, an den Mittwochnachmittagen, fuhren die Kinder auf der Straße Ski, so meterhoch fiel der Schnee. Emma und ich hatten einen Schlitten. Eine Skiausrüstung durften wir nicht haben, zu teuer. Es gab hier böse Hunde, weil sie das ganze Jahr über draußen angeleint waren. Es gab auch Taubstumme in meinem Dorf. Viele. Inzucht, erklärte ein zugezogener Mathe- und Naturkundelehrer. »Scheiß Belgier!«, brüllte mein Vater, als Emma daheim von dieser Erklärung berichtete. Es gab Teppiche aus Primeln auf den Böschungen. Ich pflückte ganze Hände voll für Mama. Sie waren schon welk, wenn ich sie ihr übergab, sie steckte sie in Marmeladengläser und verlieh ihnen für einen Tag oder zwei einen Hauch von Leben. Und dann waren da noch die Schnecken, die wir in Kanistern sammelten und die wir zum Glück nicht aßen, da mein Vater sie nicht mochte. Wir tauschten sie gegen zwei Franken pro Eimer mit einem Herrn im Dorf.

Ich höre Charlottes Fragen kaum, die glaubt, sie sei, »in einem alten toskanischen Dorf«, wie von selbst leben diese Einzelheiten wieder auf, durch den Impuls der Gerüche und meinen Kindheitsweg. Wenn wir nicht diesen Vater gehabt hätten, wären wir dann glücklich gewesen, hätte ich auch fliehen wollen?

Nach dem Steilhang abbiegen, den jahrhundertealten Nussbaum wiedererkennen, wo wir kletterten, wo meine Mutter den Nachbarn eine Schaukel aufhängen ließ, mir lebhaft den geliebten Geruch der grünen Schalen vorstellen, die wir beim Knacken der frischen Nüsse zwischen den Fingern zerdrückten, den kiesigen Weg, das wurmstichige, schiefe Gatter. Mama auf der Bank sitzen sehen.

7

Ich war geblendet von Charlottes funkelnder Aufmachung, überladen, fast protzig. Gewalt war dagegen immer klar, unverhohlen, direkt. Dieses Gekünstelte und ihre Machenschaften waren so weit entfernt von dem, was ich kannte. Ich ließ mich von ihren Manieren täuschen, von ihrer Erziehung, ihrer verrückten Kindheit zwischen ständig anwesendem Hauspersonal und Luxusreisen wie ein Nabob auf Inseln, die ich nicht einmal auf der Weltkarte gefunden hätte. Fühlte mich geehrt, dass sie mich auserwählt hatte. Meine eigentlich scharfe Intuition, die mich nur selten im Stich ließ, bei den Eigenschaften, die mich an anderen interessierten – Menschlichkeit, Verstand und Güte –, wurde von Charlottes gutbürgerlichen Manipulationen ausgeschaltet.

Bei meiner Ankunft in Lausanne hatte mich die fröhliche Clique vorurteilsfrei mit offenen Armen empfangen und aus meiner Abkapselung und Einsamkeit befreit. Diese Truppe hatte sich jedoch nach und nach aufgelöst. Ich hatte es auf den Uniwechsel geschoben, darauf, wie sprunghaft jugendliche Gefühle waren. Im Laufe der Monate wurden die Partys seltener. Einer hatte das Studium endgültig abgebrochen, weil ihm statt seiner freien Mitarbeit bei einer Zeitung eine Anstellung angeboten worden war, ein anderer war an die Kunsthochschule gewechselt. Marine, die quirlige Marine, die mich so aufgewühlt hatte, die von einer Gruppe zur nächsten schwärmte und sich mit allen verstand, war von unserem Radar verschwunden.

Ich arbeitete noch immer im Kiosk, eine Straße entfernt vom Bahnhof, als ich an jenem Oktobersamstag, kurz vor Ende meines Arbeitstags, sofort ihr glockenhelles Lachen erkannte. Mein Herz machte einen Sprung, und ich sah mich nach ihr um. Sie sprach gerade mit einem Pärchen, winkte mir von der anderen Straßenseite aus zu. Mit dem Oberkörper beugte sie sich über die Zeitungen, verpasste mir einen dicken Schmatzer, und schlug vor, in der italienischen Bar auf dem Boulevard de Grancy etwas trinken zu gehen. Dort angekommen, bestellte sie Wein. Sie redete, redete und redete, erzählte mir von ihrer Ausbildung zur Sozialarbeiterin, ihrem Einsatz für die Rechte Homosexueller, ihrem uneigennützigen Engagement und dass sie oft an mich dachte.

Ich hatte nicht unter Kontrolle, was sich da zwischen uns abspielte. Es war eine selbstverständliche Osmose, wenn auch zu stürmisch für mein zurückhaltendes

Wesen. Ich blieb zögerlich und verhalten. Sie fragte mich über Charlotte aus.

»Sei vorsichtig bei ihr«, warnte sie mich.

»Ist das dein Ernst? Sie ist doch so …«, ich suchte nach einem Adjektiv, wählte eins, abgedroschen und immer passend, »wundervoll.«

Laut ausgesprochen, hörte es sich übel an.

»Pass einfach auf, das ist alles. Ich will nicht, dass du verletzt wirst.«

Mit ihrem strahlenden Lächeln und ihren robusten Stiefeln rannte sie zum Bahnhof.

In der Küche meiner Mutter überlagert diese Erinnerung wie ein Trost Charlottes zu schickes Lachen. Man kann nicht taktvoll auf diese Weise lachen in einer armseligen Küche, wenn man in einer herrschaftlichen Villa am See aufgewachsen ist, großgezogen von einem Kindermädchen. Man kann nicht auf diese Weise lachen vor einer runzeligen Frau mit einem altmodischen und für einen Samstagnachmittag zu sonntäglichen Kleid. Man kann nicht auf diese Weise lachen angesichts der grünlichen Spuren eines Veilchens. Trotzdem lacht sie mit diesem fast schon derben Lachen. Sie erinnert mich an stinkreiche Touristen, die in Verzückung geraten und mit bebender Stimme »Wie schön, das ist alles so authentisch hier« ausrufen, konfrontiert mit der Armut einer Region, in der sie niemals leben werden. Sie findet die Kaffeetassen »so aus der Zeit gefallen«, die Vorhänge »unfassbar romantisch« und »dieser Holztisch, das ist doch bestimmt ein echter Walliser Tisch?«. In dieser Küche habe ich eine Art Geistesblitz: Sie hat mich ausgewählt, um ihrem sozialen Umfeld zu entkommen. So wie ich sie. Nur umgekehrt. Da begreife ich, dass der Stempel unserer Herkunft bleiben würde, auch wenn wir sie verdrängen, auch wenn wir, um uns zu verwandeln, andere nachäffen. Ewig und unauslöschlich tritt er immer dann zutage, wenn wir uns zu unwohl fühlen oder uns aus der Deckung wagen. Wir könnten noch so sehr dagegen ankämpfen, Charlotte würde immer »verflixt« sagen und ich »scheiße«.

Ich kann meine Mutter nicht in den Arm nehmen. Ich kann ihr nicht zärtlich über den Rücken streichen. Auch nicht ihre Hand berühren, nur Zentimeter von meiner entfernt. Ich bin zu ausgedörrt. Bedrückt wegen ihrer liebevollen Blicke, die sie mir vorsichtig und schamhaft zuwirft und die ich nicht erwidern kann. Ich schäme mich dafür, dass ich sie so weit aus meinem Gedächtnis verbannt habe und aus meinem vertrockneten Herzen.

Plötzlich fällt die Tür krachend ins Schloss. Schon als ich das Stampfen seiner plumpen Schritte auf den Kacheln höre, schnürt es mir die Kehle zusammen.

»Du bist da!«

Mehr sagt er nicht. Ich sehe ihn an. Meine kindliche Keckheit ist verschwunden. Ich nehme mich zusammen, er wird uns wohl kaum alle drei umbringen. In den vier Jahren ist er um zehn gealtert. Immer noch genauso imposant wie in meiner Erinnerung. Mit drei Lauten ist die Vergangenheit wieder da. Meine Schultern sacken in sich zusammen, meine Bewegungen werden roboterhaft. Ich bin an den Stuhl gefesselt, unfähig aufzustehen. Charlotte kommt von der Toilette zurück, sie begrüßt ihn, als wäre er ein ganz normaler Typ. Für sie ist er es auch. Ein Bauerntrampel, dem man unter seinem Dach mit Ehrfurcht begegnen muss.

Und der Zauber wirkt. Sie bietet ihm die Stirn, zuckersüßes Lächeln, streckt ihm die Hand hin.

»Jeanne hat mir schon so viel von Ihnen erzählt«, säuselt sie.

Ich beobachte ihr Spiel, als würde ich ein Theaterstück ansehen. Die leeren, unaufrichtigen Höflichkeiten, mit denen ihre Erziehung sie ausstaffiert hat. Umschmeicheln und einlullen, um zu gefallen. Sie ist wirklich geschickt! Ich habe ihr nicht einmal einen Bruchteil der Vorfälle anvertraut, davon, wie er uns an den Haaren durch die Zimmer gezerrt hat. Von den unsittlichen Berührungen (ich würde Jahre brauchen, um es Vergewaltigung zu nennen), den erstickten Schreien meiner Mutter, dem elterlichen Bett, das unter seinem Stöhnen wie ein Metronom gegen die Wand schlug. Charlotte, diese Füchsin. Er wird unbeholfen, schlägt vor zu essen. Er ist erbärmlich. Er fragt sie aus. »Ach! Sie studieren also mit Jeanne? Ja, sie war schon immer gescheit.« Ich nutze den Moment, während sie abgelenkt und unaufmerksam sind, um unter dem Tisch nach Mamas Hand zu greifen. Drücke sie leicht. Sie ist klebrig. Meine Mutter cremt sich die Hände und Füße mit Vaseline ein, das kostet nicht viel und hilft. Ein Loch im Herzen, ein geheimes Einverständnis verbündet uns, lautlos. Es ist unerträglich, weil es so traurig ist, also räume ich das Geschirr ab und schnappe mir mit Mühe Charlotte, die gar nicht mehr aufhört mit ihren Versprechen, sich bald wiederzusehen.

Während der Rückfahrt mache ich den Mund kein einziges Mal auf. Ich spanne die Kiefermuskeln an, schiebe den Unterkiefer von rechts nach links, um die Gewissensbisse und Schuldgefühle zu beschwichtigen. Verdaue meinen Kummer und gleichzeitig Charlottes ans Licht gekommene Durchschnittlichkeit. Mir sticht nun ins Auge, wie beschränkt unsere Beziehung ist. Und sie, nichts ahnend von meiner endgültigen und unversöhnlichen Feststellung, drängt mich: »Wie fühlst du dich? So schlimm ist es auch wieder nicht, es ist doch schön ländlich bei dir zu Hause, Jeanne, nun sag schon, ich will, dass du mit mir redest, jetzt sag schon was, ich bitte dich.«

Krokodilstränen kullern über ihre vom Guerlain-Puder geröteten Wangen. Sie ziert sich, murrt, braust schließlich auf, als sie nur mühsam mit meinen entschlossenen Schritten über die Chauderon-Brücke mithalten kann, gekränkt von meinem Schweigen und meinem sportlichen Tempo. Ich knalle die Schlafzimmertür zu und falle aufs Bett. Ich bin wütend und niedergeschmettert zugleich.

»Jeanne, im Ernst, glaubst du nicht, dass du übertreibst? Ich habe auch gelitten. Wir alle haben in unserer Kindheit gelitten. Du weißt doch, dass mein Vater meine Mutter betrogen und sie viel Geld für Schönheitschirurgen und Kleider ausgegeben hat, nur um ihm noch zu gefallen! Kannst du dir das vorstellen?«

Es ist armselig. Zu viele altbekannte Sätze. Ich schreie: »Stoooooopp! Halt verdammt nochmal die Klappe!« Ich bin auf den Beinen, die Fäuste so fest geballt, dass ich die Nägel in den fleischigen Handballen spüre. Sie hat mir vergeblich beigebracht, wie man affektiert und kokett ist, den See habe ich allein erobert, im Laufschritt bin ich täglich seine Ufer abgegangen, bis ich seinen Umriss mit geschlossenen Augen kannte. Ich bin stark. Ich gehe auf sie los und schüttele sie.

Man glaubt, dass zwei Sekunden schnell vorbei sind. Diese zwei Sekunden ziehen sich jedoch entsetzlich in die Länge. Sie kauert sich zusammen, verschränkt die Arme über dem Kopf. Ich schüttele sie wieder und wieder. Stärker. Eine Sekunde. Ich sehe meinen Vater, wie er mit Fäusten auf den Rücken meiner Mutter einschlägt, eingeigelt auf dem Boden. Ich bin er. In mir ein Feuer, die Unmöglichkeit umzukehren. Ich will den Griff um ihre hageren Schultern lockern. Ich kann es nicht. Ich bin Zuschauerin und gleichzeitig gegen meinen Willen an diesem Ausbruch beteiligt. Sie hat meine Toleranzgrenze überschritten. Mit ihren schauspielreifen Worten, ihrem aufgesetzten Getue, ihrem einstudierten Geschwafel, ihren leeren Sätzen. Ich war eine Fliege, sie hatte mich geködert. Ich war ein Falter, sie war das glitzernde Lockmittel einer zu hell leuchtenden Lampe. Zwei Sekunden.

Ihr Körper wird in meinen Händen durchgeschüttelt, im selben Rhythmus, in dem ich mir all das bewusst mache. Ich stoße Beleidigungen aus, ich geifere. Ich verkörpere die abscheuliche Bestialität meines Vaters. »Halt die Fresse, du kotzt mich an, verdammt, hast du mich verstanden? Du miese Schlange.« Sie rollt sich ein wie ein Fötus. Dann höre ich sie endlich: »Hör auf, Jeanne, bitte hör auf!« Ihr Flehen unterbricht meine Bewegung, die ich nicht mehr unter Kontrolle habe. Ich nehme sie in den Arm. Dann kommt das Verzeih-tut-mir-leid-ich-wollte-nicht. Wir stehen auf, so wie man sich nach einem Unfall aufrappelt. Alles ist mit Nebel ausgepolstert, vor dem sich die Grellheit dieser Szene noch stärker abhebt. In den Köpfen ein Dunstschleier, überall Tränen. Ich schäme mich. Erst recht unter dem gequälten, verzweifelten Blick, mit dem sie mich anstarrt, die Augen weit aufgerissen. Sie geht ins Badezimmer, nimmt ein Bad, durch die Wand höre ich sie laut schniefen. Ich lege mich mit angezogenen Beinen ins Bett, wickele mich in die Daunendecke. Werde wach, als sie mich flüchtig an der Seite berührt, rieche den Duft ihrer Orangenblütencreme. Sie streichelt mich und spricht mit mir wie mit einem Kind, sie bedeckt mich mit Küssen, die sich mit unseren Tränen mischen, aufs Haar, auf die Stirn, nimmt mein Gesicht in die Hände und küsst mich lange. Ich reagiere, Sehnsucht erfüllt uns, und schließlich sind wir nackt, lecken und streicheln uns wie wild. Ohne einen Funken Liebe meinerseits.

8

Die Zärtlichkeit kam mit Paul. Ich suchte nicht nach ihr. Ich spürte sie, einnehmend und neu, an einem Septembermorgen, zu einem Zeitpunkt und an einem Ort, wo sie sich nicht zu Tisch hätte setzen dürfen. Ein Freund hatte mich empfohlen, und allein das – ein Vorstellungsgespräch dank Vitamin B – war mir unangenehm. Ich erwartete Arroganz, sehr in Mode damals in den Werbeagenturen, ein Vieraugengespräch mit einem dieser selbstgefälligen Männer, die sich für cool halten, aber genauso stark nach Eitelkeit wie nach Fahrenheit stinken. Das war keine gute Ausgangslage! Ich sah den Job schon vor mir, völlig belanglos und stumpfsinnig. »Ich gehe nur hin, weil ich seit über einem Jahr arbeitslos bin, sonst …«, hatte ich beim Frühstück genörgelt. Doch Paul Leone – dessen Familienname seine italienischen Wurzeln verriet – erwischte mich völlig unerwartet mit seiner sanften Ausstrahlung und der fast ländlichen Einfachheit. Seine charmante Pummeligkeit, die Falten, die in den Winkeln seiner hellen Augen flatterten, jedes Mal, wenn er lächelte, – und er lächelte oft – brachten mich ganz aus der Fassung. Alles war neu. Diese plötzliche Anziehung zu einem Mann wühlte mich auf. Ich hätte die Stelle ablehnen sollen, damit hätte ich mir das Leben leichter gemacht.

Man muss zugeben, dass diese Anstellung ein Geschenk des Himmels war. Mit dem Lehrberuf hatte ich endgültig abgeschlossen. Alleinstehend hatte ich mich ganz meiner Arbeit gewidmet, der ich genauso viel Bedeutung beimaß, ja in die ich dieselbe wütende Verbissenheit steckte, wie ich sie seit meiner Kindheit in meine Schullaufbahn investiert hatte. Ich war nicht herzlich, aber stets besorgt um das Wohlergehen der Kinder. Nach einigen Jahren als Vertretungskraft wurde ich endlich verbeamtet. Da ich mich schon immer über unerledigte Hausaufgaben aufgeregt hatte, versprach ich zu Beginn des neuen Schuljahrs eine Belohnung: Ein außerschulischer Ausflug für diejenigen, die alle Hausaufgaben abgeben würden. Die Rektorin hatte eingewilligt, solange ich mich um die Kosten kümmerte und die restlichen Schüler bei den Kollegen unterbrachte. Ein Vatersöhnchen hatte mich vom ersten Tag an geärgert. Er forderte mich auf eine unerträglich hochmütige Art heraus, hatte eine Gabe dafür, mich aus der Haut fahren zu lassen, und war gerissen genug, die in der Schule geltenden Höflichkeits- und Verhaltensregeln nicht zu übertreten. Ich hatte es einmal mit seinen Eltern zu tun bekommen und schnell verstanden, dass man besser nicht schlecht über ihren Engel sprach. Im Juni war er einer von vier Siegern der Hausaufgaben-das-ganze-Jahr-abgegeben-Fraktion. In der Woche vor unserem Ausflug blieb er nach dem Unterricht vor meinem Pult stehen. Er musterte mich verächtlich. Ich lächelte gezwungen, sah ihn fragend mit hochgezogenen Augenbrauen an: »Das nervt Sie sicher, dass Sie einen ganzen Tag mit mir verbringen müssen!«

»Du hast doch super mitgemacht.«

Ein Zockerlächeln lässt sein von klein auf siegessicheres Gesicht rot anlaufen.

»Ich habe extra nichts vergessen. Damit ich Ihnen den Tag vermiesen kann.«

War es die berechnende Art des Jungen, mich zu erniedrigen, oder hatte ich das Gefühl, wieder ein Kind zu sein, dem Vater mit seiner Henkersmacht ausgeliefert? Ich fing mich wieder: Ich war jetzt erwachsen und musste vor niemandem mehr Rechenschaft ablegen. Zum allerersten Mal in meinem Leben lotete ich, dank diesem Bengel, mit genüsslicher Freude meine privilegierte Stellung aus. Bevor ich etwas erwiderte, dachte ich eine Weile über das berüchtigte »mein Lieber« nach, das ich nie mehr ausgesprochen hatte. Diesmal würde mich die Angst nicht besiegen. Ich war an meinem Platz. Ich hatte ihn mir verdient.

»Nun, mein Lieber, hiermit sage ich deinen Ausflug ab.«

Es hagelt mehrere Das-dürfen-Sie-nicht. Ich verschränke die Arme.

»Du kommst nicht mit.«

Ich sank in mich zusammen, den Kopf zwischen den Armen, nachdem er mit einer für sein Alter typischen Energie die Tür zugeschlagen hatte. War ich zufrieden, das verdammte Balg erniedrigt zu haben? Nein, das nicht, aber ich hatte mich getraut und diesem Angeber, der meine Schwächen unwissentlich mit perversen Codes entschlüsselt hatte, eine Abfuhr erteilt. Das geschah ihm recht, diesem Papa-Mama-Söhnchen. Nur, dass Papa-Mama Anwälte waren. Mit Geld, einem Status, einer gewissen Macht und viel Überheblichkeit. Eine Stunde später ihr Anruf, kein Gejammer, sondern Drohungen. Entweder würde ihr Sohn mitkommen oder sie würden klagen. Weshalb, wussten sie nicht. »Aber wir finden sicher was, wenn wir danach suchen«, sagte der Vater, »man findet immer einen wunden Punkt.«

Ein Riesenterz um diesen kleinen Idioten, der die Erwachsenen an der Nase herumführte. Offensichtlich hatte er nicht die Wahrheit erzählt. Rektorin, Konferenz. Mir fehlte der Mut, um zu kämpfen. Das Wort eines Rotzlöffels gegen mein eigenes. Dabei war das doch eigentlich genau mein Kampf, Gerechtigkeit,

Rechtschaffenheit, Moral, Würde, Respekt. Aber ich würde scheinbar immer die arme Schluckerin bleiben, die Hinterwäldlerin vor den Bessergeborenen. Die Kollegen begehrten auf, ich war nicht die Erste, die er auf die Palme brachte, sie boten mir an, befreundete Anwälte anzurufen, die mich beraten könnten. Um Himmels willen, bloß nicht! Ich packte meine Sachen. Besiegt. Halbherzig gekämpft. Aber ich hatte weder die Kraft noch die inneren Waffen, um mich zu widersetzen.

Ohne Leichtfertigkeit, aber mit erstaunlicher Leichtigkeit, gab ich diesen Beruf auf, der, so glaubte ich, für mich eine Berufung war. Dass dieser Verzicht nicht so schmerzhaft war, lag auch daran, dass er mit meiner Trennung von Charlotte zusammenfiel. Ein paar Monate zuvor hatte ich endlich diese ranzige Beziehung beendet, in der wir beide uns verfangen hatten. Seit »der« Szene vor zwei Jahren verpestete eine giftige Stimmung unsere Geschichte, ohne dass eine von uns etwas dagegen hätte ausrichten können. Mein monströser Vater, ihre verhöhnte Mutter. Wir hatten es vorgelebt bekommen, wir wiederholten es.

Seit unserer Begegnung am Kiosk in Sous-Gare hatten Marine und ich uns ständig gesehen. Nach und nach erfuhr sie alles über meine Familie. Sie hörte mit einem für mich völlig neuen Feingefühl zu, mit den

Fingerspitzen krabbelte sie meine Hand, wenn ich nach Worten rang. Sie bohrte nie nach wie Charlotte, drängte mich nicht, den Kummer hinter mir zu lassen. Sie erzählte auch von sich. Sie war aufgeschlossener, offener als ich. Doch trotz ihrer impulsiven Warmherzigkeit blieb sie taktvoll, und ich fühlte mich sicher. Wir setzten uns auf eine Außenterrasse, wir rauchten, bis uns die Luft wegblieb, wir tranken ein paar Gläser Rotwein, und wir umarmten uns zum Abschied. Es hatte eine Weile gedauert, bis ich sie in meine Arme ließ. Bis ich ihre schweren und prallen Brüste an meinem jugendlichen Busen spürte. Bis ich die Nase in ihrem Haar vergrub. Wir gingen auseinander, dann traf ich Charlotte wieder, der ich nicht antwortete, wenn sie mich über meine wöchentlichen Eskapaden ausfragte. Mein Vater hatte seine Sonntage, ich meine Samstage.

Dieses Ritual endete an dem Tag, als ich mich von Charlotte trennte. Ich hatte das Kinn auf Marines Schulter gelegt, und als ich die Augen öffnete, sah ich auf der anderen Straßenseite, neben dem asiatischen Feinkostladen, Charlotte. Stocksteif und reglos. Marine drehte den Kopf zur Seite, winkte ihr zu und machte sich schleunigst davon. Ich blieb einen Moment wie erstarrt stehen, meine Gedanken rasten wie ein Gepard, um mich auf die Auseinandersetzung vorzubereiten, die nun unweigerlich folgen würde. Natürlich zog sie eine Diven-Nummer ab. Wie eine Drama-queen an ihrem großen Tag. Fehlte nur noch ein langes Paillettenkleid im Stil von Dalida.

Sie schmollt, ein Tränchen in den Wimpernspitzen. Ich kraule sie am Arm, sie kreischt: »Ich wusste, dass du mich mit dieser blöden Kuh betrügst.« Zwei Stunden zwischen »Ich liebe dich« und »Ich hasse dich«, Tränen und Drohungen. Bis ich schließlich sage: »Ich schwöre dir, ich habe dich nie betrogen.«

»Du bist genauso wie dein Vater.«

Es knallt. Dieser Satz ist ganz bewusst gefallen. Als hätte sie seit Monaten darauf gewartet, ihn unter-zubringen. Hämisch, bestimmt, unverblümt, eine An-spielung auf die mysteriösen Sonntage meines Vaters, den ich verdächtigt habe, meine Mutter zu betrügen.

Die Ohrfeige lindert die monatelange Anspannung. Die flache Hand auf ihrer Wange. Gleichzeitig mit der Rötung zeichnet sich die Reue ab. Zehn Minuten hat sie sich heiser geschrien, zwischen Schluchzern und einem Schwall von Vorwürfen. Von den Nachbarn ver-ständigt, klingelte die Polizei. Ich hielt den Kopf ge-senkt, die unbeholfene Frage »Also, wie sieht's aus, möchten Sie Anzeige erstatten?« war an sie gerichtet. Mit meiner Haltung und meinen fast ein Meter acht-zig musste ich neben der zierlichen Charlotte zwangs-läufig gemein und schuldig wirken. Sie murmelte, dass nichts passiert sei, dass sie gehen könnten, entschuldigte sich mit ihrer Brav-Mädchen-Miene. Ich nahm eine Tasche, stopfte ein paar Sachen hinein, sie klammerte sich an meiner Perfecto-Lederjacke fest, schmiegte sich an meine Schulter, schlang mir die Arme um den Hals. Wie Wildtiere beschnupperten wir uns. Wie Bestien kämpften wir weiter jede um ihr Revier. Auch wenn sie es noch nicht begriffen hatte, ich für meinen Teil wollte nicht weiter in dieser perversen Beziehung feststecken.

In einer Telefonzelle rufe ich Marine an.

»Komm vorbei!«

Keine Fragen, keine Urteile. Ich halte ihre Adresse in der Hand und weine. Ich weine, bis meine Tränen austrocknen. Zwei Tage lang, auf ihrem Sofa, in ihrem Bett, vergieße ich Jahre des Kummers. Ich erzähle ihr ungehemmt von der Ohrfeige und meiner ersten Gewalttat. Ich hatte die Wahl zwischen Reden oder langsam Verrecken. Also erzählte ich. Und sie blieb. An meiner Bettseite hielt sie Krankenwache, nahm den Ekel auf, den ich vor mir selbst hatte. Sie urteilte nicht über mich, und bei ihr erfuhr ich bedingungslose Toleranz und vollkommene Empathie, ohne dass ich je damit mithalten konnte. Liebe ohne Schnickschnack, zärtliche Berührungen, spontane Gefühle und die Befreiung der Körper. Auch in ihrer Sexualität zeigte sich ihre genussfreudige Art. Sie war intakt, großzügig und hingebungsvoll, zärtlich und mit einer verlockenden

Sinnlichkeit, immer aufrichtig in ihrem Sich-gehen-Lassen. Es gab weder Berechnung noch Angst. Ich war im Warmen neben ihrem Körper und ihrer prallen Liebe. Dank ihr nahm ich nach und nach wieder eine Verbindung zu meiner Mutter auf. Ich kehrte ins Dorf zurück. Ich blieb höchstens zwei Stunden. Aber ich schaffte es, wieder zurückzukommen. Nie ohne Marine.

9

Paris, im März. Ich fahre dort regelmäßig wegen meiner Arbeit hin. Ich hatte eine Weile gebraucht, um es zu bezwingen. Wie ein Tollpatsch war ich mir dort vorgekommen, fehl am Platz, in dieser Stadt, die mich viel zu sehr beeindruckt hatte, als dass ich sie bedingungslos hätte lieben können. Und dann, während ich die Straßen durchstöberte, mich in den Avenues verlor, weil ich ein ums andere Mal in die falsche Richtung abbog, und dabei auf eine Ladenpassage aus einer anderen Zeit oder ein zerfallenes Bistro stieß, in dieser Anonymität, die ich so liebte, durch meine neugierigen Streifzüge, durch diese Unmöglichkeit, es ganz und gar zu kennen, versetzte mich Paris in Staunen.

Unverzichtbar, nach meiner Ankunft am Gare de Lyon, bleibe ich immer unter dem Vordach stehen, zünde mir eine Zigarette an, egal, ob es regnet, ob der Himmel nebelverhangen oder hier und da azurblau gespickt ist. Unverändert, bei diesem Ritual, – eine Art Schleuse zwischen meinem Zuhause und dieser Stadt – löse ich mit jeder Rauchwolke, die ich ausstoße, meine Bindungen. Ebenso bei der Rückkehr, im Stehen, eine Kippe, noch ein letztes Mal die üblen Gerüche und die ungewohnten Geräusche umarmen, vor Traurigkeit ein undeutlicher Kloß im Hals, der sich bis zum Halt im seltsamen Vallorbe auflösen wird.

Die Modegeschäfte betrete ich nie, manchmal tobe ich mich in einem Kaufhaus aus, aber bei jeder Gelegenheit, mehrmals täglich, setze ich mich auf eine Terrasse, da ich mich nicht sattsehen kann an diesem bunten Spektakel auf den Straßen, das mir vor Augen führt, dass ich nicht von hier bin, mich aber glauben lässt, dass ich es sein könnte. Eine süße Melancholie, eine Art nostalgische Untermalung, begleitet mich auf meinen Alleingängen.

Unweigerlich, in dem einen oder anderen Augenblick, denke ich an meine Mutter, die ihr Dorf nie verlassen hat. Gierig verschlinge ich alles, was sie nie sehen wird, um ihr davon zu berichten. Die Seine früh am Morgen, die Bedienungen in den schwarzen Schürzen, die ziellosen, kurzweiligen Stadtbummel, die Blumenläden, an denen ich mich berausche: »Mama, wenn du nur sehen könntest, was für Blumen sie in Paris haben.« Niemand kann verstehen, welche Wirkung diese eleganten Läden mit den ranken und schlanken Arten, den extravaganten oder ländlichen Schäften auf mich haben. Bei uns zu Hause gab es keinen Blumenladen, nur einen in der Kantonshauptstadt, nicht weit weg von unserem Antiquar, in der Fußgängerzone. Mama schielte immer ins Schaufenster, ohne sich hineinzutrauen. Ich denke zurück an die Tulpen, die beinahe roten Pfingstrosen, die Dahlien, Rosen gab es nicht, zu empfindlich, und auch an die Melisse, den Rosmarin, den Liebstöckel, den sie unter den Küchenfenstern anpflanzte. Sobald die ersten Triebe durch die Erde brachen, ging sie morgens, wenn mein Vater nicht in der Nähe war, von einem Gehänge zum nächsten, bückte sich, um sie flüchtig zu berühren. Ich beobachtete sie durchs Fenster, hielt sie für ein bisschen verrückt. Manchmal lächelte sie, ein andermal sah ich, wie ihre Lippen zitterten. Ich weiß nicht, was sie dabei empfand, mit nackten Füßen auf diesem nicht einmal schönen Fleckchen Erde, aber ich wusste, dass ihr diese täglichen Minuten heilig waren. Niemand, am allerwenigsten die Bewohner dieser Stadt, könnte verstehen, wieso mir ein Liliengesteck oder ein Veilchenbund den Blick verschleierten.

Wenn ich Zeit habe, gehe ich in die Kapelle Notre-Dame-de-la-Médaille-Miraculeuse in der Rue du Bac. Seit meiner Kindheit habe ich das Beten verlernt, zu oft habe ich den Himmel um Hilfe angefleht, ohne dass er meine inständigen Bitten erfüllt hätte. Meine Mutter segnete uns jeden Abend, ein Kreuz und ein Kuss auf die Stirn, ließ wundertätige Medaillen in unsere Hosentaschen oder später in unsere Geldbeutel gleiten. Woher die Medaillen stammten, wussten wir nicht, Mama wiederholte Rituale, die aus Tradition weitergegeben wurden, oft aus Aberglauben. Sie war beeindruckt, als ich ihr von der Herkunft der Anhänger erzählte. Marine sagte immer: »Paris ist aggressiv.« Ich sah nur Schönheit, Starallüren oder unscheinbare Ecken.

Während ich durch die Stadt streife, entdecke ich in den schiefen Mauern einen winzigen Zufluchtsort, von dem sich nicht sagen lässt, ob es ihn seit hundert Jahren oder erst seit Kurzem gibt. Dort wird Keramik aus feinster Handarbeit verkauft. Der Laden wirkt gleichzeitig rustikal und luxuriös. Ich bin in den Bann gezogen von diesem Ort, der von außen anspruchslos wirkt, sobald man eingetreten ist, aber sofort Achtung gebietet. Ich habe drei Tassen zu einem unverschämten Preis gekauft. Wenn Mama oder Marine wüssten, was einer dieser Becher gekostet hat, würden sie ihn wie ein Kunstwerk ausstellen. Oder mich zusammenstauchen. Als ich hinaustrete, schlendere ich den Gehweg entlang, ein strahlendes Lächeln auf den Lippen, ermutigt durch den Kauf. Nach und nach, und das würde ich nie irgendjemandem erklären können, nicht einmal Marine, zeigte mir Paris, dass ich mich meinem Dorf und den Klauen meines Vaters entzogen hatte.

Zwischen der Rue Saint-Honoré und der Rue Jacob, in der sich mein Hotel befindet, taucht Paul unerwartet in meinem Kopf auf. Seit mehreren Jahren weckt er nun schon, unwissentlich, eine fast animalische Erregung in mir, die ich immer zu unterdrücken versucht habe. Er war in diesem Arbeitsumfeld, in den pompösen Büroräumen seiner Schwiegereltern, genauso fehl am Platz wie ich. Auf den Gängen erzählte man sich, dass seine Frau ihn mit ihrem Geld in der Hand hatte. Ich höre nie auf Flurgeschwätz. Er war beruhigend und sanftmütig, verströmte nicht dieses grölende Testosteron, vor dem ich floh. Er hatte mich damals sofort eingestellt. Vom ersten Moment an herrschte zwischen uns eine spontane Sympathie, eine Art Vertrauen, gegenseitig und stillschweigend. Diese zwanghafte Anziehungskraft hatte ich nicht kommen sehen und erst recht nicht wiedererkannt. Niemand hatte zuvor eine solche Wirkung auf mich gehabt. Niemand würde sie je wieder auf mich haben, aber das wusste ich zu diesem Zeitpunkt noch nicht. Mein Körper hatte es lange vor mir gespürt.

Bevor ich erneut hinausausgehen wollte, um durchs Quartier zu schlendern, in der Brasserie Le Pré aux Clercs zu Abend zu essen und dann die Stimmung in der La Hune zu genießen – wenn das nicht unglaublich ist, eine Buchhandlung, die abends geöffnet hat! –, legte ich mich in diesem winzigen Dachzimmer aufs Bett. Dösend entwarf ich ein Phantasieszenario. Es war das erste Mal, dass ich erotische Träumereien von Paul zuließ. Die Lust kam plötzlich. Diese intime Erfahrung war für mich ein Aha-Erlebnis. Trotz meiner innigen und festen Beziehung mit Marine zeigte sich mir eine andere Art zu lieben. Uneingeschränkt, gespenstisch, aber so intensiv und so mächtig. In diesem Moment spürte ich, dass ich das erste Mal seit meiner Kindheit befreit atmen konnte. Ich wurde lebendig.

Bei meiner Rückkehr wartete Marine ungeduldig am Gleis auf mich, obwohl wir nur einen Katzensprung vom Bahnhof entfernt wohnten. In dieser Nacht, ermutigt durch mein unausgesprochenes Verlangen nach Paul, bebte mein Körper wie nie zuvor. Im Zug hatte ich diesen Ausdruck in einer Zeitschrift gelesen, »Lustbremse«. Das war ich. In jeder Hinsicht, nicht nur bezogen auf das Körperliche. Ich war verklemmt, fand keinen Zugang zum Vergnügen, abgesehen vom Schwimmen, das ich fern von meinem Vater für mich entdeckt hatte. Alle anderen Fäden liefen bei ihm zusammen. Selbst Grundbedürfnisse, wie Essen oder Schlafen, bargen eine Gefahr. Ich schlang die Speisen unzerkaut hinunter und wälzte mich ruhelos im Bett. Auch Singen war nicht unbedenklich.

Wir hatten ein Radio, auf dem er täglich die Nachrichten hörte, brummelnd reagierte er auf die Kommentare der Journalisten oder auf das Rauschen des Senders, je nachdem, wo das Gerät stand. An einem Spätnachmittag, ich war vierzehn Jahre alt, sangen

Mama und ich aus voller Kehle mit, begeistert darüber, den Refrain des oft im Radio gespielten Songs auswendig zu kennen. Sie kochte, ich wippte neben ihr im Takt der Musik, unser Singen verschönert durch die Stimmen von Pierre Bachelet und die seines Chors: »Au nord, c'étaient les corons. / La terre, c'était le charbon. / Le ciel, c'était l'horizon. / Les hommes, des mineurs de fond.« Wir waren immer vorsichtig, lauerten auf seine Rückkehr. Doch, was wir nicht wussten, an diesem Tag hatte ihn sein Auto im Stich gelassen und ein Kollege hatte ihn zu Hause abgesetzt. Wir hatten ihn nicht hereinkommen hören. Zuerst schmetterte er das Radio gegen die Wand, dann packte er Mama mit beiden Händen an den Haaren und zerrte sie rasend vor Wut hin und her: »Willst du nicht tanzen, du dummes Luder, willst du nicht auch noch tanzen?« Grausame Stille, das Blut rauschte mir in den Ohren. Er hat jede unserer Freuden beschlagnahmt. Er hat jede Lust niedergemetzelt.

10

Gleich zu Beginn unserer Beziehung begann ich, ermutigt von Marine, eine Therapie bei einem Psychiater à la Paul Auster. Ich erinnere mich noch genau an das Datum, ein 1. Dezember, ebenso an den roten Anstecker, den ich gut sichtbar auf meinem Pulli trug, – es war der Welt-Aids-Tag – und an diesen Mann, deutlich älter als ich, wie aus dem Ei gepellt in einem dreiteiligen schwarzen Anzug. Innerhalb von fünfzig Minuten würde der Psychiater, den Marine und ich dreizehn Jahre lang mit seinem Vornamen ansprechen sollten, ein Dauergast in unseren Unterhaltungen werden. Bernard also, ein umwerfender Doppelgänger von Paul Auster, bedächtig und zurückhaltend, intellektuell, wortgewandt, hatte eine so vergeistigte und distanzierte Haltung, dass ich gefahrlos reden konnte. Das erste Treffen schloss er mit: »Ich schlage vor, wir treffen uns zweimal in der Woche, am Montag und am Donnerstag. Wäre Ihnen 18 Uhr recht?« Händedruck. Damit war es besiegelt. Mit diesen pünktlich stattfindenden Terminen hielt ich den Kopf über Wasser. Sitzung für Sitzung, Frage für Frage, Laut für Laut, ganz allmählich, wurden meine depressiven Gefühle, meine sportliche Besessenheit, meine methodische Ernährungs- und Gewichtskontrolle analysiert. Doch dabei stumpften weder die Wut ab noch der Hass auf meinen Vater. Genauso wenig verzichtete ich auf meine utopische Romanze.

Schon seit Langem reiste ich gedanklich mehrmals täglich von der Realität in diese Liebesfälschung. Nach dem ersten Herzklopfen, dem Erstaunen über die einsame Leidenschaft, die mich in meinem Hotelzimmer überkommen hatte, widmete ich mich streng der Aufgabe, meine Gefühle mundtot zu machen. Einmal, als Paul mich bei der Arbeit während einer Besprechung anstarrte und auf meine Antwort auf die Frage eines Kollegen wartete, schluckte ich geräuschvoll meinen Speichel hinunter, komplett aus der Fassung gebracht von seinem Körper, nur eine Handbreit von meinem entfernt. In diesem Moment wie in Zeitlupe, als mein Kehlkopf meine Schwärmerei verraten hatte, war ich mir sicher, er habe meine Nervosität bemerkt. Ich handelte gleich nach dem Termin und pfuschte gezielt an meinen Dossiers herum, indem ich einige Kunden, für die Paul verantwortlich war, mit anderen schwierigen Kunden tauschte. Ein subtiles Drängen bei seinem Schwiegervater, der mich gut leiden konnte, und schon war ich die allzu regelmäßigen Zusammentreffen mit Paul los. Es ging nicht anders, denn ich war drauf und dran, mich ihm an den Hals zu werfen, lachte bei jedem seiner Sätze wie eine blöde Schnepfe oder wickelte mir, während er redete, eine Haarsträhne um den Finger. Ich hoffte, dass ein größerer Abstand zwischen uns mein Herz beruhigen würde, das in seiner Gegenwart viel zu schnell raste. Ich hatte einen regelrechten Anfall von Bovarismus. Es war einfach erbärmlich. Ich durfte auf keinen Fall die Kontrolle verlieren.

Er spricht mich in der Büroküche an, als ich dort im Stehen einen Kaffee trinke.

»Das ist ja wirklich blöd, ich hab gern mit dir zusammengearbeitet.«

Mehr sagt er nicht.

Ich ahme Charlotte nach, die bei mir auch nützliche Spuren hinterlassen hat, schlüpfe in meinen Divenpelzmantel, neige den Kopf, recke das Kinn vor, um ihm in einem völlig grotesken Tonfall zu antworten: »Ich langweile mich, Paul. Ich brauche mal was Neues. Das wird sicher allen guttun.«

Durch einen seltsamen Zufall bin ich Charlotte nur ein paar Tage später über den Weg gelaufen. Bei einer Glamourparty in einem Nobelschuppen, an der ich gezwungen war teilzunehmen.

Heimlich beobachte ich die Schein-Charlotte. Mit

einigen Jahren Abstand begreife ich, was die anderen in dieser Blase aus Heuchelei und Prunk so verblüfft: Charlottes Aussehen, ihre Wichtigtuerei, ihr einstudierter Schmollmund, ihre Art, jedes Gegenüber denken zu lassen, dass es einzigartig sei. Noch affektierter als in meiner Erinnerung, das Gesicht schon von Spritzen und Chirurgen gezeichnet, obwohl wir noch weit unter vierzig sind. Zu viel Parfüm, zu viele große Gesten, zu viel Theater, zu viel Blabla. Sie versetzt die Männer um sich herum in Staunen, lacht zu laut über deren Witze, macht den Frauen Komplimente, verändert ihre Sätze durch übertrieben freundliche Betonungen. Von Weitem bekomme ich ein paar Wortfetzen mit. Sie hat den Dreh raus. Ich könnte es belächeln, wenn ich ihre hohlen Tricks nicht kennen würde. Ich gebe zu, ich empfinde überhaupt kein Mitgefühl mit ihr, denn dumm ist sie nicht. Sie hätte ihre Intelligenz für etwas anderes nutzen können, ja, sogar sollen, wofür auch immer, um Chinesisch oder Arabisch zu lernen, statt diesen Ton einer nüchternen Verführerin zu missbrauchen. Als unsere Blicke sich begegnen, taxiert sie mich, ohne mit der Wimper zu zucken. Von unserer gemeinsamen Zeit als Paar ist weder eine Spur Zärtlichkeit noch Freundschaft geblieben. Nur Verbitterung und Groll kommen in mir hoch. Dann spricht sie mich an, füllt die unbehagliche Leere mit Lästereien. Sie ist Psychologin. »Aber ich arbeite nicht, unmöglich, Laurent ist ja viel zu beschäftigt, wir sind ständig auf Reisen.« Ihr Laurent, ein bekannter Geschäftsmann, hatte mit viel Getöse die Mutter seiner Kinder verlassen, eine nicht ganz so hübsche, dafür aber ehrlich wirkende Frau. Die Scheidung ebenso wie seine zweite Heirat mit Charlotte sorgten für Schlagzeilen in der Boulevardpresse. Laurent hatte den Charme eines Vierzigjährigen und dank seiner beruflichen Anerkennung eine starke Ausstrahlung. Der Typ Mann, der in der Jugend nicht mit seinem Aussehen Eindruck schinden konnte. Der Typ Mann, der an seinem Humor oder an irgendeiner anderen Begabung feilte, während die Schönlinge um ihn herum ihre körperliche Überlegenheit spielen ließen. Er arbeitete pausenlos, studierte und baute sich ein Netzwerk auf, bis er schließlich aus dem Getümmel der Streithähne herausragte. Beruf, Ansehen, irgendwann ein Machtersatz, seine abstehenden Ohren zählen heute nicht mehr, statt beschämend hager ist er nun beneidenswert schlank. Ihr Laurent, das ist ihr Vater; Charlotte, das Duplikat ihrer Mutter. Man muss nicht Madame Soleil sein, um den Rest vorherzusagen. »Mein Vater hat jetzt ein Kind, das jünger ist als meine eigenen!«, erzählt sie mir, und: »Meine Mutter könnte mit ihrem Wachsfigurengesicht direkt ins Musée Grévin.« Verrückt, völlig verrückt, dass eine Psychologin nicht erkennt, was jedem sofort ins Auge springt.

Du hättest dir einen noch Älteren suchen sollen, du Ärmste. In zehn Jahren stehst du allein da. Mit deinem Mutantengesicht. Ich wollte mein ohnehin nicht gerade reines Gewissen nicht noch mehr beschmutzen. Also hielt ich den Mund.

Eine einzige Karikatur. Sie schreibt – eher ein Essay, Romane sind doch heutzutage nichts Besonderes mehr –, lebt in einem Schloss und erzählt mir nach gerade einmal fünf Minuten, ihr indisches Dienstmädchen, »diese dumme Gans, stell dir vor, hat einfach im Pool gebadet, als wir weg waren. Ich habe sie gefeuert.«

Es konnte keine Rede mehr von Meinungsverschiedenheiten, Bildungs- oder Kulturunterschieden sein, sie verkörperte einfach alles, was mich abstieß. Trotz der bei dieser Art von Protz-Veranstaltung gebotenen Höflichkeiten redeten wir nicht lange um den heißen Brei herum, während wir durch die Parkanlagen des Beau-Rivage Palace spazierten.

»Ein Mann lässt sich bestimmt leichter zum Narren halten.«

»Da hast du recht. Das ist viel bequemer. Aber weißt du was« – mit einem lüsternen und gleichzeitig lächerlichen Gesichtsausdruck wiegt sie ihre Hüften an meine –, »von all meinen Romanzen, Jeanne, bist du meine Lieblingsfreundin.«

Ein Miststück oder reine Intuition. Ich konnte mich nicht mehr erinnern, ob ich ihr von diesem Kinnhaken-

Satz meiner Schwester erzählt hatte: »Ich war seine Lieblingstochter.« Sicherlich nicht. Ein Zufall. Mit den Jahren war ich selbstbewusster geworden. Ich betrachtete sie in ihrem schwarzen Etuikleid, den zu muskulösen Körper, die zu geschwollenen Lippen. Ich dachte an Marine, immer unmöglich angezogen, an ihre Aufrichtigkeit und grenzenlose Empathie. Ich dachte an Pauls rührende Naivität. Gut, dass ich sie verlassen habe, da bin ich gerade noch mal davongekommen.

»Das gefällt mir überhaupt nicht, was du da andeutest, Charlotte.«

Sie senkt die Stimme und guckt sich nach allen Seiten um.

»Du bleibst immer meine Lieblingsfreundin, Jeanne! Sogar damals, als du mich geschlagen hast.«

Wir waren beide jämmerlich. Als weckte der Kontakt zu ihr meinen Zorn und meine innere Derbheit. Als hätte sich der Schatten meines Vaters noch in mir verkrochen. Ich wollte nur eins. Ihr eine kleben.

11

Ich kehre an den Sonntagen zurück. An diesen Tagen ist mein Vater immer noch auf Achse. Auf dem Hinweg fahre ich selbst, das beruhigt meine Gedanken. Auf dem Rückweg hülle ich mich auf dem Beifahrersitz in Schweigen, den Kopf zum Fenster gewandt. Marine verlangt nicht, dass ich alles gleich auf dem Armaturenbrett auskotze. Marine fordert nichts, sie hört in Ruhe zu, nie ungeduldig, nie hartnäckig. Wenn sie Fragen stellt, dann tut sie es behutsam. Als ich ihr einmal gesagt habe, wie sehr ich sie für ihr Talent bewundere, auf andere völlig urteilsfrei zu reagieren, hat sie mir, die ich so zynisch und hartherzig bin, geantwortet: »Ach was! Das fällt mir überhaupt nicht schwer.«

Mama erwartet uns, ohne sich ihre Ungeduld anmerken zu lassen. Oder ihre Freude. Wir reden über alles, über fast nichts. Zwischen uns ist es keineswegs unbefangen. Sie beklagt sich nie, weicht den Fragen über meinen Vater aus. Ich erzähle, ohne ins Detail zu gehen, von einem Wochenende in Turin oder davon, wie ich mich im See getummelt habe. Sie bittet mich, ihr keine Geschenke mehr mitzubringen. »Mama, jetzt nimm doch den Schal, es ist so kalt, und was ist mit den Handschuhen, gefallen sie dir nicht?« »Das ist es nicht …« Nie hat sie die Eifersucht meines Vaters oder die heftigen Szenen erwähnt, die sich nach unseren Besuchen abspielen. Wir bleiben immer in der Küche, die sie stundenlang putzt, um sie ein bisschen stattlicher aussehen zu lassen.

An jenem Sonntag parkt das klapprige Auto meines Vaters unter dem Nussbaum. Meine Mutter, die sich immer sorgfältig frisiert, wenn wir kommen, steht mit zerzaustem Haar in der Tür. Dieses Lächeln, ich erkenne es sofort, um eine Lüge oder Tränen zu verbergen. »Kommt, ich habe einen Kuchen gebacken.« Immer den gleichen, einen Apfelkuchen.

Marine hat nie hinter diesen verschlossenen Türen gelebt, sie durchschaut die Anzeichen nicht. Ich kenne die Tricks, mit denen man die Worte und Gesten vorsichtig verpacken muss. Es ist wie bei einem brodelnden Vulkan, Lava wird austreten, man weiß nicht genau wann, aber früher oder später wird das Magma überquellen, die Gedanken, jede Rationalität mit sich fortreißen, bis nur noch blanke Angst zurückbleibt. Wir versuchen, die Fälligkeit aufzuschieben, wir vermeiden es, Wasser auf die Mühlen zu gießen. Auch wenn, unweigerlich, alles oder nichts, der Regen oder die Sonne, der Kuchenteig oder der Kaffee einen Vorwand für seine Gewalt liefern kann. Ich habe Jahre damit zugebracht, diese Ausbrüche zu analysieren: Was, wenn ich dies oder jenes nicht gesagt hätte oder wenn Mama den Käse nicht so hingelegt hätte, wäre es dann auch passiert? Heute weiß ich dank meinen Sitzungen bei Bernard, dass es überhaupt keine Möglichkeit gibt, den Lauf dieser Dinge durch Nettigkeiten oder Vorkehrungen zu beeinflussen.

Er baut sich vor dem Tisch auf. Ich habe ihn seit Jahren nicht mehr gesehen. Sogar an Weihnachten habe ich die beiden allein gelassen. Er ist betrunken, aufgeknöpftes Hemd, hängender Bauchspeck.

»Da sind sie ja, die Tölen.«

Gesten, Sätze, alles wird irrational, und dennoch muss man die folgenden Augenblicke so gut es geht durchstehen. Sie erdulden, in Erinnerung behalten, Glasscherben vom Boden aufsammeln, mit zittrigen Händen Kaffeespritzer wegwischen, um sich mit irgendetwas zu beschäftigen und den Puls zu beruhigen. Es ist, als würde man sich eine bekannte Filmszene ansehen und sie gleichzeitig nachspielen. Es ist, als wäre man mittendrin und doch losgelöst.

»Guten Tag, Louis. Wie geht's?«

Intuitiv gebraucht Marine diesen professionellen Tonfall, den sie auch bei den von ihr betreuten Familien verwendet, die sie in Notfällen anrufen.

»Halt's Maul, Lesbe!«

Wenn man mit dieser Gewalt nie in Berührung gekommen ist, oder mit den Pöbeleien, die damit einhergehen, kann man nicht verstehen, inwieweit sich jede Realität auflöst und nichts mehr Orientierung bietet. Es geht so schnell. Wegen nichts und wieder nichts. Es gibt keinen Kontext, bei dem ein Wort zum anderen führen würde. Es ist völlig unwirklich. Mir ist es schon passiert, vor einem Kunden zu stehen und zu denken: »Was passiert, wenn ich ihm jetzt mein Glas Wasser an den Kopf werfe?« Manchmal male ich mir den Rest aus, wie der Kerl aufsteht, schreit, die Hände auf dem klatschnassen Hemd, der Mund ein O. Niemand wagt es. Niemand würde es tun. Außer er oder Menschen, die nur von Wut gesteuert werden. Einmal war Marine ein Vater an die Gurgel gegangen, dessen Kinder man gerade ins Heim gebracht hatte. Sie konnte mit ihm reden. Sie konnte sogar seine Wut nachfühlen. Die meines Vaters dagegen war unantastbar, da nichts seine Taten rechtfertigte.

Wir tun so, als würden wir uns weiter unterhalten. Mama bietet uns ein Stück Kuchen an. Als unsere Blicke sich begegnen, weiß ich, dass auch sie weiß, dass wir nicht davonkommen werden.

»Was gehst du uns hier auf den Geist? Bleib doch mit deiner Schlampe in Lausanne. Eine Schande für die Familie, dass du dich hier herumtreibst.«

Er redet laut, ist schon puterrot, öffnet und schließt die Hände, streckt die Brust raus, Schultern zurück, um mehr Eindruck zu schinden. Ich habe Angst, ich habe eine solche Angst, ich ziehe den Kopf ein. Dann denke ich daran, was ich mich als kleines Mädchen ihm gegenüber getraut habe. Mein Kinderkörper war ein Schutzwall. Heute bin ich viel verletzlicher, obwohl ich erwachsen bin. Alles geht schnell, obwohl ich doch weiß, wozu er fähig ist, bin ich überrascht, ich schreie gegen meinen Willen. Er packt mich am Arm, und ehe ich's mich versehe, drückt er mich gegen die Wand, greift mir an die Kehle. Seine Stirn klebt an meiner, er würgt mich und beschimpft mich als »Dreckshure«. Seine Spucke in meinen Augen, ich verkrampfe mich. Mir kommt nicht einmal in den Sinn, mich zu verteidigen, ein Tritt in seine Eier, mich zu wehren. Ich gehe Joggen, ich schwimme, ich mag nicht so kräftig sein wie er, aber auch ich bin stark. Und doch bleibe ich idiotischerweise wie gelähmt, die Augen vor Entsetzen weit aufgerissen. Versteinert.

Hinter ihm packt Marine, kleiner als ich, aber Langstreckenläuferin, einen Zipfel seines Hemds und zieht daran. Sie müht sich ab, seinen Griff zu lockern, mit dem er mich fast erstickt. Meine Mutter steht da, die Hände vor dem Mund, zu verstört, um einzuschreiten. Endlich lässt er los.

Der Rest verschwimmt. Wieder zu mir kommen. Meinen Hals abtasten. Hören, wie Marine ihn anschnauzt, jedoch ohne zu schreien. Er beruhigt sich ein bisschen. Er geht zur Küchenanrichte und stößt mit einer Bewegung aus dem Unterarm den Anemonenstrauß um, den wir mitgebracht haben.

»Sie haben mich gefeuert. Diese Dreckskerle haben mich einfach gefeuert, verdammt nochmal! Drei Jahre vor der Rente feuern die mich. So eine verfluchte Scheiße.«

»In den Vorruhestand?«, wagt sich Marine behutsam vor.

Aufgelöstes Geschrei.

Marine hat das Undenkbare geschafft. Ihn dazu gebracht, in Worte zu fassen, was ihn so wütend macht. Das ist uns nie gelungen. Wir drei waren viel zu sehr eingeschlossen in dieser auskristallisierten Kloake, die er geschaffen hat. Ist er vor Scham zusammengezuckt, als er mich angesehen hat? Von wegen. Er ist gegangen.

Dieser kurze Vorfall von ein paar Minuten hat die alten Wunden wieder aufgerissen. Ich hatte Jahre gebraucht, Abstand, Therapiesitzungen, stundenlange Gespräche mit Marine, um mich allmählich von diesen Schmerzen zu befreien. Ich hatte sie nur betäubt. Ein paar Minuten sind genug, zu viel, und schon stürze ich wieder hinein. Leide darunter, meine Mutter bei ihm zurückzulassen. Ich flehe sie an, mit uns mitzufahren. »Bitte, nur ein paar Tage. Das wird wie Urlaub für dich. Ich bitte dich, Mama. Komm! Du kannst nicht hierbleiben. Bitte! Dann können wir uns ohne ihn sehen, ich habe zu große Angst, dich hier allein zu lassen, ich habe zu große Angst, dass er dich eines Tages umbringt.« »Nein, ich kann nicht.« »Und ob du kannst. Was soll denn schon passieren? Was könnte schlimmer sein? Bitte. Schlägt er dich, stößt er dich? Was macht er mit dir?« »Nein, es geht schon. Er schreit, und ich lasse ihn machen. Ich halte den Mund. Irgendwann hört er wieder auf.«

Ich weiß allerdings, dass es ewig dauert, dass er sie stundenlang auf ihrem Sessel umkreist. Ich weiß es.

Sein Auto stand nicht mehr unter dem Nussbaum. Ich umarmte meine Mutter. Klammerte mich an sie, weinte, mein Kopf vollgestopft mit Sorgen. Wir fuhren wieder weg. Als wäre all das nie passiert. Als wäre es normal. Auch wenn es das ganz und gar nicht war.

Ich habe mich nie an die Gewalt gewöhnt. Schlimmer noch, sie nicht mehr zu erfahren, stürzt mich in abgrundtiefe Verzweiflung. Es ist, als gösse man siedend heißes Öl über meine nie ganz vernarbten Verletzungen. Tagelang bin ich stumm, benommen, meine Moral ist zerrüttet. Mit einem einzigen Vorfall sind die alten Wunden wieder aufgerissen. Meine Kindheit war gestern, meine Schwester gestern. Es ist, als würde man in ein Loch fallen, abrutschen, ohne Halt zu finden, als würde einem das Herz unter dem Pullover zerspringen, als würde man beim leisesten Geräusch hochschrecken. Marine versucht es mit Geduld, Zärtlichkeiten, liebevollen Worten, schützendem Schweigen. Bernard hört mit zusammengekniffenen Augenbrauen und gespannter Aufmerksamkeit zu. Zum ersten Mal bietet er mir Beruhigungsmittel an. Ich lehne ab. Ich arbeite im Automatikbetrieb, bis spätabends. Oder völlig neben der Spur. Ich verberge mein Gesicht hinter einer Maske. Marine besteht darauf, dass ich in die Berge fahre, ans Meer. Allein oder wir beide zusammen. Mein einziger Lichtpunkt ist Paul. Ihn in seinem Büro zu wissen, nicht weit weg von meinem, tröstet mich in meiner Niedergeschlagenheit, aber ich kann nicht mit ihm reden, wir leben getrennte Leben. Ich sehe ihn kaum noch, habe Abstand zwischen uns geschaffen, bin im Unternehmen aufgestiegen. Ich bin frei und unabhängig, schlau, homosexuell, sportlich, tüchtig, gebildet. Nach außen hin strahle ich, aber innerlich bin ich zersplittert, unfähig, mich von diesem Vorfall zu erholen. Paul in der Nähe zu spüren hilft mir beim Überleben, ohne dass er etwas davon ahnt. Ich fühle mich schuldig, meine Mutter mit diesem Scheusal allein gelassen zu haben, ich fühle mich schuldig, Marine zu verraten, ich fühle mich schuldig, an Paul zu denken. Ich gehe unter. Mir fällt auf, dass ich jeden Abend trinke. Vom gewohnheitsmäßigen Glas zu einer ganzen Flasche. Ich bin aggressiv gegenüber den Kollegen, einer zu langsamen Verkäuferin oder einem Gaffer, der sich in der Schlange vordrängelt. Die belanglosen Probleme der anderen gehen mir auf die Nerven, ich bin verbittert, ich wettere wegen Kleinigkeiten gegen Freunde los. Bernard drängt darauf, dass das aufhört: »Sie schlafen wenig, Sie werden noch in die Luft gehen. Marine hat mich angerufen, sie ist sehr besorgt. Nehmen Sie die Medikamente.« Ich schalte auf stur. Aushalten, aushalten, Woche für Woche.

Meine Pariser Kundin, mit der ich befreundet bin, ruft mich wegen neuer Markteinführungen an, wir sollten uns treffen, diesmal will sie nach Lausanne kommen. Sie weiß in groben Zügen, welche Qualen ich in meiner Kindheit durchgemacht habe, und spürt meine Verzweiflung. Der Abstand zwischen uns lässt mich lockerer sein. Ich schließe mich in meinem Büro ein, breche in Tränen aus. Mein Vater ist wieder ausgerastet, ich sitze fest in einem dunklen Loch, in einer furchtbar schwarzen Nacht, ich erlebe den Vorfall in Endlosschleife, sobald ich zur Ruhe komme, zieht meine ganze Kindheit immer wieder an mir vorbei, ich halte nur dank meinem Job durch, zum Glück habe ich ihn, sonst … Sie kommt gleich mit einem Plan um die Ecke. »Ich überlasse dir mein Haus in Cancale. Da kannst du dich mal ein bisschen erholen, außerdem schwimmst du doch so gern. Ja, ich weiß, das wird das Problem nicht grundsätzlich lösen. Aber das gibt dir neue Energie.« Ich sage Ja. Halbherzig. Wir wissen beide, dass ich nicht in die Bretagne fahren werde, um Kraft zu tanken.

12

Er schließt die Tür, fragt mich mit vorsichtiger Stimme, ob es mir gutgehe. Seit einigen Jahren halte ich meine Gefühle nun schon im Zaum. Ich hatte mich mit diesen romanhaften und erotischen, von ihm beherrschten Träumereien abgefunden. Ich zügelte mich, wenn mein Verlangen allzu kampflustig wurde. Wenn ich ihn im Flur reden oder scherzen hörte, überfiel mich eine ungeheure Zärtlichkeit, meine Kehle wie zugeschnürt, während sich unmittelbar ein Lächeln auf meine Lippen stahl. Das alles hielt ich unter Verschluss. Marine und mich verband eine heitere und beruhigende Liebe. Diese Frau erfüllte den Alltag mit Sonne und Poesie. Mit ihr ließ es sich aushalten, sie nahm mich mit zu Partys, stellte mich neuen Freunden vor. In ihrem Herzen war es nie zu eng, das Leben immer spontan. Sie nahm eine Zeit lang eine Obdachlose auf, gab auf der Straße Geld. Immer. Wenn ich was habe, gebe ich's auch. Dafür bewunderte ich sie, für diese unglaubliche Empathie, die nichts Berechnendes hatte. Sie sagte nur, ach was, so bin ich schon auf die Welt gekommen.

Paul hielt sich hartnäckig in meinen Gedanken, trotz der Jahre, trotz meiner erbitterten und verzweifelten Versuche, ihn endgültig aus meinem Kopf und Herzen zu verdrängen. Und jetzt war er da, hatte sich direkt vor mir niedergelassen. Musterte mich eigenartig.

»Was ist los, Jeanne?«

»Nichts. Wieso? Stimmt was nicht mit meiner Arbeit?«

»Nein, mit deiner Arbeit stimmt alles. Aber mit dir stimmt doch irgendwas nicht.«

Mit einem Finger auf den Lippen, höre ich ihm zu, sehe ihn an, innerlich verkrampft, nach außen hin kühl. Ich weiß nicht einmal mehr, wann ich zuletzt allein mit ihm in einem Raum war. Wenn ich mich auch insgeheim damit brüstete und mich selbst zu meiner Fähigkeit beglückwünschte, diesen Mann aus meinen Gedanken herauszuhalten, war ich nun plötzlich kleinlaut.

»Hör zu, Jeanne. Ich …«

Er beugt sich vor, senkt den Kopf, fährt sich durchs Haar, stützt sich auf die Armlehnen, vergräbt das Kinn in den Händen. Er fühlt sich offenbar unwohl und verhält sich komisch.

»Feuerst du mich etwa gerade, Paul?«

Was sonst könnte es sein?

»Nein. Ich feuere dich nicht. Überhaupt nicht. Ich merke doch, dass irgendwas in letzter Zeit nicht stimmt. Also … ich weiß auch nicht. Was ist denn los? Ist es die Arbeit?«

»Nein, damit hat das gar nichts zu tun. Eine schwierige Familiensache. Tut mir leid, wenn ich einen schlechten Job gemacht habe.«

»Nein, überhaupt nicht! Es ist nur, dass … dass ich spüre … dass es dir nicht gutgeht. Und … das tut mir leid. Ich … na ja …«

Er stammelt, ringt nach Worten.

»Du druckst hier rum, ich verstehe überhaupt nicht, was du mir sagen willst. Tut mir leid, wenn man es so sehr gemerkt hat. Ich fange mich wieder, versprochen.«

»Ich … Also, ähm … Du bedeutest mir viel.«

Darin steckte so viel Unbeholfenheit, fast schon Zärtlichkeit. Ich spürte sie zwischen uns, über den Tisch hinweg. Dabei war er doch sonst immer so redegewandt, wenn er in der Öffentlichkeit sprach. Um ihn zu vergessen, versuchte ich manchmal, mich davon zu überzeugen, dass er gar nicht so authentisch war, dass er sein Naturell nur so geschickt und ohne Selbstgefälligkeit einsetzte, um unbemerkt Angestellte und Kunden zu bezirzen. In diesem Augenblick ist seine Redegewandtheit wie weggeblasen. Wir sehen uns schweigend an.

»Es gibt Dinge, die sagt man nicht, nicht bei der Arbeit. Also, du … du … da ist was. Etwas, das ich nicht erklären kann, weil es völlig irrational ist. Es gibt da eine Verbindung, also, ich spüre eine Verbindung zwischen dir und mir. Ich weiß nicht, was es ist, aber ich weiß, dass es dir schlecht geht, und das gefällt mir nicht. Es tut mir leid. Ich will dir nur sagen, ich bin für dich da, wenn du mich brauchst.«

In meinem Kopf geht alles viel zu schnell. Einfach hier zwischen uns auf den Tisch knallen, was mich beherrscht und mein Leben praktisch zweiteilt. Mich trauen, es auszusprechen, es zu gestehen, diese stumme Liebe auszukotzen, meine Gefühle von allem Anstößigen zu säubern. Wir alle wissen, dass Worte nicht zwingend der Wahrheit entsprechen, aber dass sie die Wirklichkeit verändern können. Endgültig. Radikal. Das Davor und das Danach. Das Davor ist friedlich. Das Danach schwindelerregend. Also verschließt man sich, versiegelt die Lippen, die sich artikulieren wollen, presst sie aufeinander, um sie auch sicher zum Schweigen zu bringen, diese Törichten. Sollte ich wirklich so dumm sein, nach diesem ersten Stock zu greifen, den er mir hinhält, um mich, mit Füßen, Bauch, Leib und Herz, in dieser Floskel zu suhlen, die ich nach all den Jahren in meiner Traumwelt viel zu subjektiv interpretiere: »Du bedeutest mir viel.« Es geht zu weit und ist doch nicht weit genug. Wäre ich wirklich so dumm, mich lächerlich zu machen, eine Abfuhr zu riskieren, wegen dieser paar Wörter. So närrisch war ich nicht. Offensichtlich. Moral hatte ich mir immer auf die Fahne geschrieben. Ich zückte sie viel zu oft in Diskussionen. Geschichten über Untreue widerten mich an, ich verachtete Menschen, die sich nicht zu einer Entscheidung durchringen konnten. Ich ließ mir nichts vormachen, aber ich belog mich selbst. Jeden Tag. Träumen ist nicht dasselbe wie betrügen, redete ich mir ein.

»Das ist nett, danke. Wenn ich jemanden zum Reden brauche, komme ich auf dich zu. Das Leben meint's gerade nicht gut mit mir. Aber immerhin bin ich in guten Händen.«

Der besonnene Paul wiegt den Kopf hin und her, lächelt gezwungen. Sein Lächeln wirft mich einige Jahre zurück. Wir waren in einer Kneipe ein Gläschen trinken, eines Abends, Marine und ein paar Freunde, wir diskutierten gerade über irgendetwas, da sah ich ihn, seitlich an die Bar gelehnt, im Gespräch mit einem Mann. Ich hatte ihn nicht sofort erkannt. Er trug Jeans und Pulli, während er im Büro immer im Anzug erschien. Er sah noch hinreißender aus. Ein Mädchen aus der Gruppe fragte mich: »Glotzt du jetzt etwa Männer an?«, zum Glück war das Licht gedämpft, meine rot anlaufenden Wangen glühten. Das ist Paul, dort drüben an der Bar. Sie wussten alle, wer er war, ohne ihm je begegnet zu sein. Ein Ruck ging durch die Tischrunde, und alle Augenpaare waren auf ihn gerichtet. Er bemerkte uns, nickte uns zu, hob sein Glas und lächelte mich an. »O wow, der hat ja ein umwerfendes Lächeln«, sagte Marine. Selbst verkrampft, selbst, wenn er sich so unwohl fühlt wie heute, bleibt sein Lächeln einfach umwerfend …

»Mehr fällt dir dazu nicht ein? Ich will nur verstehen, warum's dir schlecht geht, und du lässt mich eiskalt auflaufen? Du kennst mich doch! Du weißt, dass ich nie was sage. Zumindest nichts Persönliches. Täusche ich mich da etwa? Jetzt stehe ich da wie der letzte Idiot. Aber das ändert nichts an dem, was ich dir gerade gesagt habe. Es ist alles gesagt.«

»Oder fast«, fügt er hinzu, bevor er mein Büro verlässt. Enttäuscht von der Kälte, die ich mir zurechtbastele, mit der ich anderen etwas vorgaukle.

Ich habe ein Papier genommen, einen Bleistift und losgeschrieben. In einem Rutsch, ohne nachzudenken:

Ich liebe Dich, Paul, und ich weiß nicht, was ich mit dieser Liebe anfangen soll. Ich lebe mit ihr, sobald ich morgens aufwache. Ich öffne die Augen, und sie ist schon da, versteckt. Stumm vor aller Welt. Bad, kalter Wasserstrahl, ein paar Löffel starker Kaffee aus einem einfachen Laden im Aostatal in meiner italienischen Espressokanne, und ich spüre sie. Sie ebbt ab, kommt wieder. Sie hängt in der

Luft, sie ist eine Bahnfahrt, sie ist das graue, blaue, grüne, wogende oder klare Wasser des Sees, sie schwingt heiter in einem Lied mit, sie ist die Stimme irgendeines Journalisten im Radio. Manchmal glaube ich, dass sie mir folgt, dass sie lebendig ist. Ich weiß nichts über Dich. Auf welcher Seite schläfst Du? Duschst Du morgens oder abends, schnell oder langsam, mit lauwarmem oder heißem Wasser? Schnarchst Du? Wo oder was liest Du? Magst Du Austern? Und findest Du Schokolade genauso eklig wie ich? Stöhnst Du laut oder leise? Wie warst Du als Kind? Hast Du schon mal geweint, und wenn ja, warum? Ich weiß nichts, nichts, absolut nichts über Dich. Und da ist diese Verbindung. Man sieht sie nicht, ich dachte, ich hätte sie mit meiner herumschweifenden Phantasie nur erfunden. Es vergeht kein Tag, an dem ich nicht Deine quälende Gegenwart spüre.

Du weißt genauso wenig über mich. Du weißt nicht, woher ich komme. Meine Herkunft beherrscht, beschmutzt mich, schreit nachts, bricht plötzlich hervor, wenn ich nicht damit rechne. Es reicht eine laute Stimme, eine Drängelei auf der Straße, ein zerbrochener Teller, und schon kommen Angst und Hass wieder hoch. Was Du von mir siehst, was ich von mir zeige, habe ich gezähmt. Wie ein Vampir habe ich ausgesaugt, was Frauen mir gegeben haben, ich berausche mich an der Gewalt meines Vaters, dabei sollte ich doch längst erwachsen sein. Du würdest Dich für mich schämen, wenn Du die Wahrheit kennen würdest. Ich vegetiere dahin, ich überlebe dank meiner Wut. Ohne es zu *wissen, habe ich entdeckt, dass die Liebe zu Dir, und sei es nur aus der Ferne, eine sanfte Seite in mir weckt. Wobei Du nichts weiter tun musst, als am Leben zu sein. Ich habe Angst, dass die Bissigkeit, mit der ich mich auf den Beinen halte, mit dieser Liebe, zu sentimental, um gelebt zu werden, verloren geht. Ich habe Angst, mich dazu hinreißen zu lassen, Dich ganz zu lieben. Ich habe Angst zu fallen, wenn ich die Barrieren sprenge, die uns auf Abstand halten. Ich gehe Dir aus dem Weg, Paul, es ist besser für Dich.*

Dieser wirre, unüberlegt ausgespuckte Brief ersparte mir ein halbes Jahr Sitzungen bei Bernard. Ich erkannte, wie sehr ich in meinem Hass eingemauert war, kein bisschen kompromissbereit, und dabei immer dieselben Erinnerungen durchkaute. Nicht fähig zu verzeihen. Andere hatten auch gelitten und zogen weiter. Marine hatte ihren Vater verloren, als sie noch klein war, lebte mit einer hart schuftenden Mutter zusammen, noch zu jung, um allein zu sein. Sie nimmt es niemandem übel. Ich bin festgefahren in meinem seelischen Tief. Marine, die sonnige Marine. Würde sie mich verlassen, wenn sie es wüsste? Mein Schweigen beschützte uns. Ich schloss das Büro.

13

Das Wasser teilt sich vor mir. Kraulzüge. Zählen: eins, zwei. Einatmen. Von vorn. Eins, zwei. Luft. Den Kopf frei bekommen. Ich bin immer noch ganz benommen von unserem Gespräch. Es ist weder schockierend noch macht es mir Freude noch ist es tröstlich. Das Leben überrascht mich mit dieser Kehrtwende, als würde es sich meine Sehnsüchte aneignen, die jedoch gar nicht dazu bestimmt waren, sich zu verwirklichen. Es erstickt mich durch diese unerwartete Wendung, durch seinen unfehlbaren Mechanismus, immer weiterzulaufen, komme, was da wolle. Das Wetter ist angenehm, der Juni macht sich breit, das Wasser ist klar, und es gibt nur eines zu tun, untertauchen. Und dieses Papier, eng beschrieben mit tapsiger, romantischer Liebe, verbrennen.

Ich hätte mir so gewünscht, unbeschwert sein zu können, nachgiebiger in meiner Rechtschaffenheit, flexibler. Ich hätte meine Gefühle und mein Verlangen lieber nicht unterdrückt. Ich hätte gern mit den Fingerspitzen seine Wange gestreift, ihn intensiv angesehen, mich ihm genähert, bis meine Nase fast seine Haut berührt, ein Lächeln angedeutet, mich mit den Lippen bis zu seinem Mundwinkel vorgetastet, damit er sich mit einer Hand an mein Gesicht herantraut, mit der anderen meinen Rücken fester packt, damit wir uns berühren, damit wir uns suchen, ich ihn endlich rieche und seine Zungenspitze spüre. Wie viele hundert Male habe ich diese Szene zurückgespult? Wie viele hundert Male habe ich mir gedacht, dass Marine etwas Besseres verdient hat, dass in mir mehr steckt als eine hirnlose Träumerin, die sich kitschige Geschichten ausmalt? Nicht einen Augenblick begreife ich, dass meine Anhimmelei von Paul nichts anderes ist als das Suchen nach einem Mann, der mir nicht wehtut.

Marine brüstete sich immer damit, dass sie keine Treue verlange, sondern Loyalität. Ich war treu, aber sicher nicht loyal. In diesem fließenden Wasser, mit federleichtem Körper, entspanne ich mich. Mit kräftigen Brustschwimmzügen kehre ich ans Ufer zurück, tauche mit dem Kopf ein und auf, wobei ich diesen Gott beschwöre, von dem ich mich noch vor meinem zehnten Lebensjahr losgesagt habe, dass er mir antwortet, ich solle auf Marine achtgeben. Mein Leben von vor wenigen Stunden wieder aufnehmen. Paul und seine paar unbeholfenen Sätze, die mich in meinen schwachen Grundfesten erschüttert haben, aus meinem Gedächtnis streichen. Stattdessen bin ich ins Büro zurückgekehrt, das um diese Uhrzeit schon verlassen ist, habe den Brief in einen Umschlag gesteckt, der erste Liebesbrief meines Lebens. Ich habe ihn in sein Fach gelegt.

Als ich beim Betreten der Wohnung mein übliches »Hello« rief, spürte ich, wie die Luft ungebeten durchs Wohnzimmerfenster drang, das zum Balkon hin offen stand und eine freie Sicht auf den See bot. Der Hauptgrund, warum wir diese für uns beide etwas zu große Wohnung auf dem Boulevard de Grancy gemietet hatten. Kerzengerade stand Marine im viereckigen Eingangsbereich, der in alle Zimmer führte, ihre Lippen waren zu schmal, die Augen zu groß, die Stirn zu sehr gerunzelt.

»Deine Mama.«

Aus der Froschperspektive nehme ich die Reisetasche wahr. Ich erfasse unterbewusst, dass wir ins Wallis fahren müssen. Sie nimmt mich in den Arm und sagt: »Es tut mir leid.« Was denn? Ich habe es nicht verstanden, nicht begriffen. Ich habe einen Vorfall mit meinem Vater im Kopf, eine Krankheit. Was für ein Unfall, wovon spricht sie? Auf der Höhe von Montreux, versunken in die nie wankende Königlichkeit des Genfer Sees, verstehe und kapiere ich endlich, was mir Marine schon seit unserer Abreise zu sagen versucht. Es ist, als wären alle Geräusche von einem Schleier gedämpft worden. Ein Autounfall, ein Überholmanöver, der Zusammenstoß. Frontal. Tödlich.

Alles läuft automatisch ab, wieder einmal, wenn der Tod Gestalt annimmt, wie ein Schlag auf den Solarplexus, der Schmerz wird zurück in den Magen gedrückt, das Herz droht zu zerspringen, Bestattungsinstitut, Kleidung, ein Foto für die Todesanzeige im *Nouvelliste*, ein Lokal auswählen, in dem sich die Leute nach der Beerdigung wie Ausgehungerte auf die Platten mit Roggenbrot, Trockenfleisch und Alpkäse stürzen. Dort zwischen all den Fremden sein, den alten Verwandten, mit denen man blöderweise dasselbe Blut teilt, darauf warten, dass es vorbei geht, damit man endlich allein ist. Die Walliser Bräuche sind belastend, bedrückend, altherkömmlich, aber von der Tradition so vorgeschrieben. Zuerst wird eine Totenwache in der Kapelle abgehalten, die Familie bleibt mit vor Schmerz geröteten Gesichtern an die Bank gefesselt, während das Dorf mit Trauermiene vorbeizieht. Manchmal vertreibt eine Stimme die Stille, um den Rosenkranz zu beten – ein »Vater unser«, einige »Gegrüßet seist Du, Maria«, dann eine endlose Aufzählung von Heiligen, an die man ein flehendes »Bitte für uns« richtet. Es ist eine tölpelhafte Tradition, den Tod zu beklagen. Ich weiß nicht, ob sie den Schmerz lindert, aber sie macht den Sterbefall öffentlich erlebbar. In Italien gibt es die Klageweiber, im Wallis leiern Frauen während der Totenwache zu einem leisen Holz- oder Kunststoffgeklapper mit eintöniger Stimme ihren Rosenkranz und ihre Gebete herunter, ohne dass man sie dazu aufgefordert hat. Und der Rest, unerträglich, endlos. Diese gesellschaftlichen Verpflichtungen heilen gar nichts. Aber sie knüpfen vorübergehend eine eigenartige, gezwungene Gemeinschaftlichkeit unter den Leuten. Meine Mutter arbeitete nicht, mein Vater war diese Art von Typ, mit dem niemand in Verbindung gebracht werden wollte, und dennoch dieser Menschenauflauf. Ich sitze in der ersten Reihe, neben ihm, der unablässig weint. Ich schäme mich. Er hat noch nie Würde besessen. Würde, ein Wert, der meine Mutter aufrecht hielt: gestärkte Kleider, auch wenn sie abgetragen waren, immer saubere Haare und Nägel, die Schrammen auf den Schuhen mit Lederfett kaschiert. Alkohol hatte sie auch probiert, wie sie mir einmal am Telefon anvertraute: »Er hat mich betäubt, das hat mir gefallen. Die Schreie deines Vaters wirkten leiser, die ›Dreckshure‹ aus seinem Mund nicht so vulgär. Ich habe damit aufgehört, damit ihr euch nicht für mich schämen müsst, um mir das bisschen Würde zu bewahren, das mir noch geblieben ist.«

Zwei Tage vor dem Begräbnis, als wir in dem Kleiderschrank aus Holz ihr letztes Kleid aussuchten – Hosen trug sie nie –, erinnerte ich mich an einen Ostersonntagmorgen. Das ganze Dorf machte sich damals feierlich auf zum Hochamt. An so einem Tag reichte es nicht, die Auferstehung Jesu Christi zu preisen. Man musste seine Frühjahrskleidung vorzeigen – genau genommen hieß es Frühjahrsstaat bei uns (ab der kommenden Woche würde daraus dann der Sonntagsstaat werden) –, damit auch jeder an den neuen Lumpen und den blank polierten Schuhen die finanziellen Möglichkeiten seines Nachbarn abschätzen konnte. Ursprünglich, da bin ich mir sicher, muss es einmal ein Zeichen des Anstands gewesen sein, so adrett wie möglich vor den Herrgott zu treten. Es gab die Unauffälligen und die Protzigen, die Bescheidenen und die Hochwohlgeborenen, es gab alle Welt. Und alle Welt nahm teil an dieser Maskerade. Mein Vater, der die Haushaltskasse stets mit einer zweifelhaften und selbstsüchtigen Knausrigkeit verwaltete, zückte zu diesem Anlass einige Hundert-Franken-Scheine, damit meine Mutter für sich und uns schöne Kleidung kaufen konnte. Schließlich würden die Leute ihn verurteilen, wenn wir wie arme Schlucker aussähen. Kleider für zehn Schweizer Franken, die heute auf den Ständern der Kaufhausketten herumschwingen, gab es damals nicht. Sich einzukleiden hatte seinen Preis. Mama wendete immer wieder einige Kniffe an, um unsere drei Festkleidungen zusammenzustellen. Als wir klein waren, strickte sie für meine Schwester und mich Jäckchen aus Wolle, die sie in einem Uniprix aufgetrieben hatte. In jenem Jahr, ich muss neun gewesen sein, hatte die Schwester meines Vaters uns in eines der wenigen Geschäfte in der Stadt mitgenommen. Emma, besonders eitel, freute sich mächtig. Ich sehe die Aufteilung dieses Schuppens, in dem sich die feine Gesellschaft einkleidete, und die mürrische, boshafte Inhaberin noch genau vor mir. Meine Schwester trampelte und hüpfte in einem strahlend gelben, mit Löwen bedruckten Sweatshirt und einer dazu passenden Hose mit kleinem Karomuster herum. Alle hatten nur Augen für sie mit ihrer goldblonden Mähne und ihrem schon jetzt vor Weiblichkeit strotzenden Körper. Meine Mutter in einem ganz schlichten Kleid, im Sonderangebot, mit weißen Blümchen, das noch umgeändert werden musste, weil es zu lang war für ihre ein Meter sechzig. Ich mochte nur Hosen, träumte von einem Paar Turnschuhen, entschied mich aber, angesteckt von der vergnügten Stimmung, für einen marineblauen Rock. Er war plissiert, reichte mir bis über die Knie. Alle eilten geschäftig hin und her und suchten eine Bluse für mich. »Dazu würden Lackschuhe und weiße Strümpfe passen«, riet uns eine Verkäuferin. Es war eine japanische Schulmädchenuniform, so etwas Bezauberndes hatte ich noch nie gesehen. Ich war versunken in das Bild, das mir aus dem Spiegel entgegenblickte. Das war nicht ich, es war ein ganz stattliches junges Mädchen. Fast schon elegant.

»Das ist überhaupt nicht in Mode, Jeanne. So kannst du doch nicht rumlaufen«, kanzelte mich meine Schwester ab.

Ich war fasziniert. Ich konnte nicht sprechen. Mit diesem Rock flog ich unseren vom Vater aufgezwungenen Verhältnissen einfach davon. Meine Mutter witterte, ohne den Grund zu begreifen, dass ich mich in dieses für unsere Stellung viel zu kostbare Kostüm verliebt hatte. Sie stimmte zu, während sie mir das Haar glatt strich. Es folgte unauffälliges Geflüster mit der Verkäuferin, einer Freundin meiner Tante, die Geld aus ihrem Portemonnaie grub. Meine Mutter war verlegen, aber entschlossen, meinen sehnlichen Wunsch zu erfüllen. Ich hatte keine Ahnung, was diese Stoffe wert waren. Ein Vermögen, würde meine Mutter Jahre später sagen. Ich bemerkte, dass sie beunruhigt war, am Abend ging sie in der leeren Küche auf und ab. Als ich am nächsten Tag von der Schule nach Hause kam, sagte sie zu mir, dass wir dieses Röckchen zurückgeben müssten. Nein, nein, nein, ich weinte, bitte, Mama. Sie blieb unnachgiebig. Meine Tante holte uns ab, wir mussten bis Ladenschluss warten, um mithilfe der netten blonden Angestellten den Einkauf rückerstattet zu bekommen. Ich belauschte, die Chefin sei so gemein, das dürfe nicht rauskommen. Schnell und heimlich nahm die Dame den Rock zurück. Das war nicht unsere Welt, hat meine Mutter beim Hinausgehen gesagt. Da gehen wir nicht mehr hin. Jahre später entdeckte ich mit Charlotte in einem großen Genfer Kaufhaus einen Rock mit Sonnenplissee, fast wie in meiner Erinnerung. Charlotte lachte Tränen, damit siehst du aus wie eine Nonne, das bist doch nicht du. Sie konnte es nicht verstehen. Ich kaufte ihn. Wieder zu kostspielig, aber ich konnte nicht einfach tatenlos an dieser Kindheitserinnerung vorbeigehen. Ich habe ihn immer noch. Trage ihn nur selten. Aber es ist mein Lieblingsteil.

Als Marine und ich den doppeltürigen, nach Mottenkugeln stinkenden Schrank öffneten, erkannte ich das schwarz-weiße Kleid, das sie vor über dreißig Jahren gekauft hatte. Sie hatte es noch. Kaum abgetragen. Mit zitternder Hand breitete ich es auf dem Elternbett aus – ja, das Ehebett hatten sie ihr ganzes Leben geteilt. Bestimmt flehte sie jahrzehntelang jeden Abend Gott und die Heiligen an, dass er sie nicht anrührte. Ich strich zärtlich über den Stoff, und eine nach der anderen kullerten mir die Tränen über die Wangen. Ich sah sie vor mir, sie war noch jung und kleidete sich schon wie eine Oma. Ich erinnerte mich, wie sehr sie mir an diesem Osterfeiertag eine Freude hatte machen wollen. Ihr kühner Wunsch, mich einmal zu verwöhnen, dann ihre Unfähigkeit, diesen Kleinmädchentraum zu erfüllen. Um mich vor ihm zu beschützen, denn er hätte mich sicher verdroschen. Sie auch. Was hatte sie nur für ein Leben! Wie viele Jahre in Einsamkeit und Angst. Wie viele Jahre, in denen sie auf mich wartete.

Um ihre Tochter weinte, die sich das Leben genommen hatte. Ich war so oft böse auf sie, fast genauso oft wie auf meinen Vater, weil sie nicht wegging, nicht floh. Es sei ihre Pflicht, gestand sie, manchmal, an besonders schmerzvollen Tagen, nannte sie es »Schicksal«. Sie hatte sich damit abgefunden. Sie fügte sich gehorsam den Gesetzen ihres Ehemanns und mehr noch dem Urteil der Dorfbewohner. Oder wie man im Wallis sagt: »Halt die Klappe und beiß die Zähne zusammen.« Auch wenn ich im zähen Charakter der Bewohner in dieser Region Stärken erkannte, konnte ich wahrscheinlich bei mir selbst dieses raue Wesen spüren, geprägt von meinem Vater, aber auch von den Orten, der Geografie und den erbarmungslosen Naturgewalten, den Bergen, die uns abschotteten, den senkrechten schwarzen oder grauen Felswänden.

Ich konnte inzwischen die reizvolle Seite meiner Heimatregion verstehen und hochhalten. Aber ich schaffte es nicht, das extreme Opfer meiner Mutter zu akzeptieren.

Kurz vor ihrem Tod, als sie gerade ein Stück alten Käse für Marine und mich einpackte, ließ ich nicht locker: »Mama, bitte, komm mit nach Lausanne, wir haben ein freies Zimmer für dich, und eine Wohnung findet sich bestimmt auch. Du kannst dich scheiden lassen. Bitte. Komm! Nichts hält dich hier.«

»Ich bin nicht unglücklich. Überhaupt nicht.«

»Was führst du nur für ein Leben? Willst du hier darauf warten, dass er dich wieder schlägt?«

»Er schlägt mich nicht mehr wie früher. Er ist es leid geworden. Er ist gealtert. Seit Emmas Tod ist er ruhiger.«

»Hör doch auf! Es geht hier nicht um Emma, sondern um dich. Ich frage dich jetzt noch mal. Was machst du aus deinem Leben, Mama? Alles hier ist engstirnig und elend.«

»Das magst du so sehen. Aber es ist mein Leben. Darüber solltest du nicht urteilen. Vielleicht hab ich nichts Großes vollbracht. Aber ich hab auch meine Gewohnheiten. Und meine Träume.«

»Welche Träume? Wovon träumst du denn, Mama?«

»Das verstehst du nicht. Mir reicht es, dieses Leben zu führen, das du so verachtest, und zu träumen.«

»Ich verachte dein Leben nicht, Mama. Er ist es, den ich verachte. Du bist doch kein kleines Mädchen mehr. In deinem Alter träumt man nicht mehr.«

»Da irrst du dich aber gewaltig, Jeanne.«

14

Wie Mama es sich gewünscht hätte, waren Marine und ich würdevoll. Unempfänglich für das Gewisper der Gaffer, die schon in den Bänken standen und von denen manche unauffällig den Kopf nach uns umdrehten, als wir den Mittelgang durchquerten. Ich erlebte diesen letzten Abschied nur innerlich, hielt den leise brummenden Schmerz zurück, der begierig darauf wartete aufzuheulen. In einer Reihe neben einer Handvoll Freunde erkannte ich Pauls Nacken. Sein unordentliches Haar passte nicht zum Anzug, den er zu diesem ernsten Anlass trug. Ich schämte mich dafür, in diesem Moment an ihn zu denken. In meinem Dorf besteht der Chor nur aus Männern. Kirchensänger, die angeblich im weiten Umkreis bekannt sind. Ihre männlichen, kraftvollen und beherrschten Stimmen hüllten dieses Begräbnis in einen ehrfürchtigen Ernst. Ich fand, dass es schön war. Dass meine Mutter diese schlichte Schönheit verdiente. Ich kannte diese Herren nicht, die dort oben ihr Reich hatten, »bei der Orgel«, hieß es bei uns. Und dennoch linderten sie an diesem Tag meinen Schmerz. Ich erinnere mich weder an die Texte noch an die Gesänge oder die Predigt. Ich erinnere mich an das Kirchenschiff, an den Sonnenstrahl, der hinter den bunten Fenstern gefunkelt hat. Ich hebe erneut den Blick, um Mama zu sehen, sie mir vorzustellen, wie sie dort oben mit einem Lächeln auf den Lippen schwebt, aus ihrem Körper verschwunden, noch lebendig in meinem Herzen. Auch ich trieb vor mich hin, wie in Watte gepackt, dank den Beruhigungsmitteln. Delphine, eine Freundin von mir und Besitzerin eines Ferienchalets in Vercorin, nahm uns während dieser paar Tage bei sich auf. Sie hatte mir Beruhigungsmittel besorgt. »Das bringt dich rüber ans andere Ufer.« Ich war abwesend, musste aber nicht gegen die Strömung anschwimmen, um meinen Schmerz zu unterdrücken, wurde chemisch über Wasser gehalten. Ich wunderte mich, dass »der« Herr Doktor Fauchère so traurig aussah. Als er an unserer Bank vorbeikam, verlangsamte er seinen Schritt. Blieb nicht stehen für den üblichen Händedruck.

»Dieses Arschloch! Lässt sich hier blicken.«

Die Gestalt von Doktor Fauchère stoppte die Tränen meines Vaters schlagartig. Er schimpfte vor sich hin, knirschte mit den Zähnen. Rüpelhaft, selbst am Sarg seiner Frau.

Den Höflichkeitsfloskeln ging ich aus dem Weg. Ich entzog mich den anderen nicht aus Verachtung. Ich wollte einfach nur allein sein. An jenen Tagen ertrug ich nur Marine und Delphine, zurückhaltend und zuvorkommend wie immer. Die gesellschaftliche Pflicht scherte mich einen Dreck, die zu schüttelnden Hände, die Heucheleien, die aufgezwungenen Küsse und Umarmungen. Als ich das letzte Mal an diesem Ort gewesen war, der nach all dieser Zeit keine Spuren von Patina aufwies, hatte ich einen Skandal ausgelöst. Jetzt trug ich meine Mutter zu Grabe und mit ihr, durch die Erinnerung, abermals Emma. Als der Leichenwagen mit einer feierlichen Langsamkeit abfuhr, von der ich mir gewünscht hätte, dass sie ewig dauert, dort am Fuße der Treppe, sah ich, dass wir nicht viele waren. Nicht einmal eine Traube kaltherziger Familienmitglieder. Die Gaffer hatten den Anstand besessen, uns mit unserer Trauer allein zu lassen.

In diesem Gebärdenspiel übernahm ich unwillkürlich mechanische Bewegungen oder ahmte Marine nach. Sie hatte gesagt: »Wir machen alles so, wie du willst, du bist niemandem etwas schuldig.« Freunde waren gekommen. Sie von Weitem zu sehen hätte mir gereicht. Aber sie näherten sich. Ich erinnere mich nicht mehr, wer mir alles auf die Schulter geklopft oder mich fester als sonst gedrückt hat. Wenn ich im Nachhinein an diese Augenblicke zurückdenke, lange Zeit später, lindern sie noch immer diese trostlose, schwere Zeit. Auch wenn sie woanders geboren sind, in Städten, in anderen Kantonen, haben sie das bei mir zu Hause übliche Trauerprotokoll eingehalten. Durch ihre Gestik, ihr Verhalten, ihre Mienen. Durch ihre Anwesenheit. Um dem traditionellen Festschmaus zu entgehen, wartete Delphine auf einem Parkplatz hinter der Kirche auf uns. Er war fast menschenleer. Marine streichelte mir über das gekrümmte Rückgrat, als wir zum Auto gingen.

»Jeanne.«

Ich erkannte seine Stimme. Er war allein. Wir blieben stehen, Marine, intuitiv und tolerant, flüsterte mir zu: »Ich warte beim Auto auf dich.« Dann erst kam er näher. Mein Kiefer schmerzte, so verkrampft hatte ich die Zähne zusammengebissen. Dann erst legte ich die Stirn an seine Schulter. Dann erst umfing er mich mit den Armen. Dann erst umfasste er meinen Rücken mit den Händen. Dann erst weinte ich, mit angewinkelten Ellenbogen hielt ich seinen Körper auf Distanz. Dann erst zog ich mich zurück. Dann erst sah ich ihm in die Augen.

15

Wir fuhren gleich am nächsten Tag zurück nach Lausanne. Mein Chef rief an, sprach mir sein Beileid aus, bat um Entschuldigung, weil er nicht bei der Beisetzung dabei gewesen war, und riet mir väterlich, mir vor meiner Rückkehr so viel Zeit wie nötig zu lassen, das könne ich ruhig, ja das solle ich sogar, betonte er nachdrücklich. Ich irrte herum. Vom See ins Bett. Vom Bett in den See. Ich vermied die Zeiten, wenn es dort nur so von Menschen wimmelte, der Juli war in diesem Jahr außergewöhnlich heiß. Ich schlief schlecht, wand mich schweißnass in der Nacht. Um 5 Uhr morgens stieg ich schon aus dem Wasser. Ich schwamm, oder besser gesagt, ich strampelte zwischen zwei Atemzügen unter der glatten Oberfläche des Sees, statt wie sonst einen Kilometer zu kraulen. Nur ein einziges Mal am Tag fühlte ich mich lebendig, wenn das noch kühle Wasser meinen Kopf verschluckte. Abgesehen von diesen Eskapaden, verkroch ich mich. Ich redete nicht. Ich weinte nicht. Nicht vor anderen. Die Anfälle erwischten mich mit ungeheurer Wucht, völlig überraschend. Gekrümmt rollte ich mich auf dem Boden zu einer Kugel zusammen und schrie, beide Hände auf den Mund gepresst. Ich stocherte widerwillig im Essen herum. Marine verhielt sich wie immer beispielhaft. Sie war kein bisschen ungeduldig und verstand, dass dieser neuerliche Trauerfall mich niedergeschmettert hatte. Unbeholfen, aber in regelmäßigen Abständen, bestand sie darauf, dass ich Bernard wieder aufsuchte, bei dem ich meine Therapie beendet hatte. Ich mauerte. Paul hatte mich mehrmals angerufen, ich war nicht rangegangen. Nicht fähig, Schmerz und Freude gleichzeitig zu erleben, die Schuld auf mich zu nehmen, die sich nach und nach in meinem Inneren regte.

Eines Morgens, es ist noch sehr früh, laufe ich, statt zu schwimmen, lieber an der Seepromenade entlang. Als ich gerade den Zebrastreifen überquere, höre ich jemanden meinen Namen rufen. Es ist Pascale, eine Freundin. Sie ist Journalistin und Herausgeberin einer großen Tageszeitung, aber träumt davon, Schiffskapitänin zu werden. Natürlich kein kleines! Eins der CGN-Reederei mit einem Schaufelrad, das weißen Schaum hinterlässt, wenn es auf dem See herumfährt. Dafür würde ich alles aufgeben, hat sie mir eines Nachmittags, als wir uns in der Cafeteria ihrer Zeitung auf ein Getränk getroffen haben, anvertraut. Mit weit ausholenden Schritten verringert sie die paar Meter Abstand zwischen uns. Ich bedanke mich bei ihr für die herzlichen Zeilen, die sie mir vor ein paar Wochen geschickt hat. Um die Befangenheit zu vermeiden, die die erste Begegnung nach einem Todesfall überschattet, frage ich sie, was sie so früh hier macht: »Schreibst du eine Reportage?«

»Nein, nein. Ich schaue nur bei meinem Boot vorbei. Ich verkaufe es, heute Abend kommt jemand vorbei. Also wollte ich vor der Arbeit noch einen letzten Blick drauf werfen.«

»Du verkaufst dein Boot? Aber du liebst es doch! Und du hast es noch gar nicht so lange.«

»Ich habe ein Besseres gefunden. Ich muss«, sie seufzt, »mich davon trennen. Ich kann es mir weder leisten noch habe ich einen Liegeplatz im Hafen.«

Dieses Boot ist ein Zeichen. Zum ersten Mal seit Wochen begeistere ich mich für etwas. Ich erkläre ihr, wie exotisch ein alter Kahn für eine Bergbewohnerin wie mich ist. Wir hatten einen ganzen Winter lang zusammen herumgeplantscht, mit unseren Neoprenanzügen, unseren Badehauben, völlig durchgefroren, dann wieder belebt, nur um ein paar Minuten das kühle Wasser zu bezwingen. Ich hatte nichts von diesem Traum erzählt, der mir unerreichbar und anmaßend schien.

Ich erkundige mich nach dem Preis. »Willst du's dir nicht erst mal ansehen?« »Nein, ich vertraue dir, du wirst mich doch wohl nicht übers Ohr hauen!« Sie hat es für einen lächerlichen Betrag erstanden. Ein Kunde ihres Vaters hat dringend Geld gebraucht und es für einen Pappenstiel abgegeben. »Der Motor musste repariert werden, und mein Vater ist ja Mechaniker … Ich könnte mehr rausholen, aber weil du's bist, verkaufe ich es dir zum selben Preis plus Reparaturkosten. Es ist mein erstes Boot, und es ist echt bescheuert, aber ich hänge sehr dran. Ich wäre wirklich froh, wenn ich es in deine Hände geben könnte.«

Ich bin plötzlich Feuer und Flamme. »Ich würde es nur gern noch bis Oktober behalten«, erklärt sie. »Dann kannst du es ausprobieren, wir drehen zusammen eine Runde, ich zeig dir alles, du wirst auch noch deinen Führerschein machen müssen. Lass uns einfach noch mal telefonieren.« »Versprich mir, dass du es niemand anderem verkaufst.« »Versprochen.« »Abgemacht.«

Der Gedanke an das Boot erweicht und hätschelt die Verzweiflung, die mich wie ein Panzer umgibt. Ich jogge die steile Straße hinauf, danke den Heiligen, deren Existenz ich in der Kapelle für mich wiederentdeckt habe, als dort ganz bescheiden der geschlossene Sarg meiner Mutter thronte. Sie war aus dem Autofenster geschleudert worden. Ihr Körper wahrscheinlich zerfetzt, denn wir durften sie nicht sehen. Als der Leichenbestatter uns gesagt hatte, dass der Sarg versiegelt sei, nein, unmöglich, ihn zu öffnen, war ich unter dem Schock zusammengebrochen. Einer meiner Cousins hatte mich an den Schultern gepackt und mich nach draußen geführt. Ich heulte wie ein Tier. Diese Szene hatte sich im engsten Kreis ereignet, wir waren nur ein paar Leute. Ich schrie so sehr, dass ich auf die Knie sank, ausgeblutet, kein Laut kam mehr heraus, so sehr hatte ich geröhrt, unbeholfen, aber selbstsicher wurde ich von diesem Halbfremden getröstet, der schließlich auch weinen musste. Ich kehrte in die Kapelle zurück, mitgenommen und innerlich zerrissen von diesem unermesslichen Schmerz, gestützt von Marine und meinem Cousin. Sobald die Kapelle abgeschlossen worden war, hatte Marine mich direkt in Delphines Chalet gebracht, die mich mit Temesta betäubte, damit ich mich beruhigte und bis zum nächsten Tag durchschlief.

Dieses Boot im Hafen zu wissen, nur einen Steinwurf von unserer Wohnung entfernt, es auf einem Foto gesehen zu haben, fühlt sich an, wie neu geboren zu werden. Es verhindert jedoch nicht, dass ich vor Schmerz zusammenzucke, immer länger schlaflos wachliege, ohne Vorwarnung von Schluchzern geschüttelt werde. Der Duft von Apfelkuchen zerstört mich völlig. Der Anblick einer bedrückt aussehenden Frau, die mit beiden Händen ihre Tasche auf dem Schoß umklammert, trifft mich mitten ins Herz. Allein durch seine Existenz hat dieses Boot, ohne mich mit Firlefanz zu blenden, ein Hoffnungslicht gesendet und mir erlaubt, mich aus dieser Teufelsspirale herauszuquälen. Mir unglaublichen Schwung und Mut verliehen. Um folgsam wieder aufzustehen. Und mich bei Paul zu melden.

16

»Ich bin's.«

»Jeanne!«

Mehr nicht.

Durchs Telefon lauschten wir dieser schüchternen Stille, die von unserem Atem erfüllt wurde. Ich lächelte zum zweiten Mal seit Wochen. Seit der Beerdigung hatte ich ihn nicht mehr gesehen.

»Jeanne.« Ein zweites Mal. »Wo bist du?«

»Zu Hause.«

Marine hatte mir im Weg gestanden. Sie hatte es gespürt. Aus einer plötzlichen Anwandlung heraus war sie zu ihrem Bruder gefahren, den sie sehr mochte und zu selten sah, in ein kleines Nest im Süden, nach Sallagriffon. Für sie, die mit einem wortkargen, mürrischen und deprimierenden Zombie zusammenlebte, war es eine Frage des inneren Gleichgewichts.

»Wollen wir uns treffen?« »Ja.« Mein Herz pocht so laut, dass ich das Gefühl habe, er könnte das wilde Klopfen am anderen Ende der Leitung hören. »Bist du sicher?« »Ja.« Unser Duett nach der Beerdigung meiner Mutter, einträchtig und lautlos, war ein Geständnis gewesen. Unsere stumme Sprache hatte für uns gesprochen.

Ich zögere, ihn zu mir nach Hause einzuladen, wo sich die Spuren meines gemeinsamen Lebens mit Marine über die Wände, Möbel, Tassen und Kopfkissen ziehen. Aber wohin sonst? In ein Hotel, zu zwielichtig. In ein Restaurant, zu indiskret, und ich kriege ja ohnehin kaum was runter. Es ist fies, wenn er zu mir in die Wohnung kommt, aber ich bin selbstsüchtig, auch wenn ich alles zu verlieren habe. Einen kurzen Moment sage ich mir, dass es verrückt ist, Paul, ein Fiebertraum, eine fixe Idee, die mich in die Irre geführt hat. Dass die Verbindung, von der er gesprochen hat, nichts als Schein ist, eine schwache Illusion. Dann denke ich an diese drei Minuten, als wir nach der Kirche zusammengestanden haben, an sein Zittern, als er mich umarmt hat, und die Zweifel verschwinden. Es ist wie das Boot, nur unendlich viel stärker.

»Komm vorbei!«

Er klingelt, ich lehne mich einen Moment gegen den Türrahmen. Einen letzten Atemzug nehmen. Ich öffne. Wir sehen uns an. Lange. Ohne zu blinzeln. Er kommt näher. Ich weiche zurück. Er schließt die Tür. Wir bleiben ein paar Millimeter voneinander entfernt stehen. Lange. Mit der Fingerkuppe folge ich seinem Nasenrücken bis zum Mundwinkel. Er übernimmt den

Rest, eine Hand in meinem Nacken, bevor er die Lippen auf meine drückt. Geduldig, wehmütig, küssen wir uns. Wir hören nicht mehr auf. Die Wangen, die Ohren, jedes Fleckchen Haut, die Augen, die Hände, wir stehen immer noch in der Diele, werden nicht müde, einander sanft und gründlich zu erkunden. Wir ersticken uns fast mit Küssen, klammern uns zu fest an den Oberkörper des anderen. Die Pullover wirbeln durch die Luft, die Gürtel werden von unseren zittrigen Händen gelöst. Die unten hängenden Jeans schlagen Falten wie Marionetten ohne Fäden. Sein berauschender Geruch erfüllt mich mit Zärtlichkeit. Seine nackte Haut und der leichte Duft nach Seife wühlen mein Herz auf, schmeicheln meinen Sinnen. Mit der Zunge erforsche ich seinen Körper. Ein Männerkörper. Der erste, den ich mit neugierigen Händen entdecke. Die Muskeln sind fester als die der anderen beiden, die ich bisher berührt habe. Wir reden nicht einen einzigen Satz, nur unser Stöhnen, unsere schwungvollen, stürmischen Bewegungen erfüllen den Raum. Direkt auf dem Boden, auf dem grauen Teppich im Flur, verkostet er mich begierig und gleichzeitig behutsam. Von den Zehen bis zu den Haarspitzen, von den Knöcheln bis zu den Schulterblättern. Wir beschnuppern jeden verborgenen Winkel unserer Körper, die schon so lange um den anderen gebettelt haben. Jede Leere, jede Fülle. Er beißt, ich kratze, er seufzt, ich rieche an seinem Hals, er spielt mit meinen Fingern, ich schließe die Lider, er küsst sie, ich öffne sie, er lächelt. Es ist eine Choreografie, bei der jeder instinktiv auf die Wellenbewegungen des anderen reagiert. Kaum lässt ein Feuerwerk der Lust unsere schwitzenden Körper erbeben, schon nehmen wir die endlosen Zärtlichkeiten und Umarmungen wieder auf. Voller Zuneigung flüstern wir unsere Namen an der Schläfe des anderen. Genießen mit leicht geöffneten Lippen die Wonnen des anderen. Es war ein Freitag im August.

Am Samstagabend schloss ich die Tür wieder, lehnte die Stirn an den Rahmen. Auf der anderen Seite hörte ich ihn in den Aufzug steigen.

Das Bett war zerwühlt von unserer verliebten Toberei. Ich rollte mich unter der Decke zusammen. Eine Verräterin und vollständig. Bereit zu leben.

17

Sie waren zu zweit. Zwei Nachbarjungs, hinterhältig und gemein. Ein perverses Duo, verbunden durch die abscheulichen Misshandlungen, die sie den Jüngeren aus Spaß zufügten. Unmöglich für mich, ihnen zu entkommen, selbst in der Schule, selbst auf dem Nachhauseweg. Ich war oft allein, meine Schwester hatte eine Menge Freundinnen. Ich trödelte und sammelte Äste und Blätter. Oder Blumen. Als ich noch in den Kindergarten ging, köderten sie mich mit einem Kaninchen, das sie angeblich im Keller des Schulgebäudes gefunden hatten. Es war grau, feucht, düster, bis auf das Licht, das durch die Tür des langen Gangs fiel und den Weg an manchen Stellen erhellte. Sie stießen mich in einen Raum auf der rechten Seite, einer schaltete die nackte Glühbirne ein, komm, hier ist es, ich bückte mich, um in den Weidenkorb auf dem Boden zu schauen. Kaum hatte ich mich hinuntergebeugt, da packte mich der eine am Kopf, der andere hob mein Kleid, zog meine Unterhose runter und drückte mir Kieselsteine in den After, einen nach dem anderen. Ich schrie. »Sei still!« Eine Hand auf meinem Mund. »Verzieh dich«, sagten sie am Ende und lachten hämisch.

Sie zwangen mich auch, in den großen zurückgelassenen Öl- oder Benzintank eines Lastwagens zu steigen. »Geh da rein!« »Nein, ich will nicht.« Fußtritte drängten mich vorwärts. Ich gehorchte, was anderes blieb mir auch kaum übrig. Ich kletterte auf die Betonsteine, die extra dort hingelegt worden waren, um die Öffnung des Stahlzylinders zu erreichen. Ich schwang erst das eine und dann das andere Bein hinüber. Ich versuchte, das Gleichgewicht zu halten, die Kante schnitt mir in den Po. Sie stießen mich in den Abgrund. Der Tank war deutlich größer als ich, ich war noch so klein. Ich erinnere mich. An alles, an ihr höhnisches Gelächter, als sie gegangen sind. Der Kanister war voll mit Brennnesseln.

Noch eine Schikane von ihnen: Sie saßen auf einem Mäuerchen hinter den Müllcontainern aus Metall. Mit scheinheiligem Getue köderten sie mich: »Komm doch bitte, spiel mit uns.« Obwohl ich von ihnen verstoßen und gehänselt worden war, hielt ich sie für aufrichtig. Ich setzte mich neben sie, glücklich über diesen unverhofften Freundschaftssegen. Die Hände im Schoß, stolz, es war Sommer, in kurzen Hosen, die Füße nackt und schmutzig, weil ich auf dem aufgeweichten Asphalt herumgehüpft war, sie sagten zu mir: »Lauf da drüber«, und zeigten auf die Container. »Warum?«

»Das wirst du gleich sehen, es ist toll.« Meine Un-schlüssigkeit, ihre Hartnäckigkeit. Wie hätte ich mir mit vier, fünf Jahren auch vorstellen sollen, dass andere genauso sadistisch sein könnten wie mein Vater? Wie hätte ich die teuflische List dieser zwei Bengel, kaum älter als ich, durchschauen sollen? »Ohne Schuhe.« Ich gehorchte, wollte von ihnen anerkannt werden. Ich trat auf das Stahlblech. Glühend heiß. Gnaden-los. Noch bevor mein Schreien eine Fußgängerin alar-mierte, hauten sie ab. Mit magnetisierten Fußsohlen, abgelöster Haut, schrie ich. Ich weiß nicht mehr, wel-cher Erwachsene mich nach Hause brachte. Ich war halb bewusstlos. Ich erinnere mich an meine Mutter, wie sie sich mit ernstem Gesicht über mich beugte. An einen kühlen, nassen Waschlappen auf meiner Stirn. Ich phantasierte. Mein Vater fällte das Urteil.

»Dieses verdammte Gör will doch nur Aufmerksam-keit.«

Ich war zu dem simplen, einseitigen Beschluss ge-kommen, dass alle Männer Schmerzbringer waren. Das war keine körperliche, keine intellektuelle und keine ideologische Entscheidung, sondern eine feste und ganz bewusste Absicht, in der ich in meiner frühes-ten Jugend bestärkt worden war. Dennoch war meine Vorliebe für Frauen, wie ich an diesem Morgen beim Joggen begriff, nicht so gewollt, wie ich gedacht hatte. Für meine Homosexualität hatte ich mich aus Schmerz entschieden, weil diejenigen, nach deren Liebe ich mich gesehnt hatte – mein Vater und der Doktor Fauchère –, meine Gefühle abgewiesen hatten. Dieses Versprechen eines Mädchens an sich selbst wurde durch die unverwüstliche Furcht vor seinem Vater und die herbe Enttäuschung über Doktor Fauchères Verhalten, das ich verachtete, wachgehalten. Intuitiv, aus Selbstschutz, aus Überlebenswillen, wandte ich mich dorthin, wo man mir kein Leid antun würde.

Mit Paul war es anders. Sein robuster Körperbau machte mir keine Angst. Mit ihm war es ausgelassen, unkompliziert, unbeschwert, zärtlich, leidenschaftlich. Sein Körper war mir so vertraut wie mein eigener. Er war sanft, unschuldig. In der Woche, in der Marine weg war, trafen wir uns jeden Abend. Alles wollte ich über ihn erfahren, über die apulischen Sommer seiner Kindheit, über seine Familie, deren Bescheidenheit mich an die Demut in meiner Region erinnerte. Über seine Frau nur ein paar Bruchstücke. Ja, er hatte diese Arbeitsstelle angenommen, er bereute es nicht, so war es eben. Jedenfalls war er, selbst wenn er unglücklich war, glücklich. Er hatte ein sonniges Gemüt, war witzig, redete wenig und sprunghaft. Seine Brust war glatt. Wenn er lachte, bebte sein ganzer Körper. Er brachte etwas zu essen mit, kochte, aß mit großem Appetit. Wir schlürften Rotwein und unterhielten uns flüsternd mitten in der Nacht auf dem Balkon. In diesen paar Tagen lachte ich über Anekdoten aus seiner Kindheit und seine Dummheiten als unausstehlicher Jugendlicher. Ich weinte, als ich mich an Mama erinnerte. Ich erzählte ihm von dem Grauen, ich liebte seine Zärtlichkeiten und seine tröstenden Worte.

Ich dachte zurück an meine Anfänge mit Marine. Es lag auf der Hand. Ich verehrte sie für ihre menschliche Art, für ihre Fähigkeit, bedingungslos zu lieben. Ich schätzte es, wie sie meine Wunden mit Worten und Küssen einsalbte.

Paul und mich verband eine goldene Kraft, kein bisschen animalisch. War es nur geschwisterlich? Wonach suchte ich, was wollte ich? Einsam, aber nicht fähig, allein zu leben. Ich sitze ganz schön in der Klemme.

Ich blicke auf die Uhr, fünfzig Minuten, zwölf Kilometer. Ich komme wieder in Form.

18

Danach. Danach gilt es, wieder zu leben. Nach dem Tod meiner Mutter. Nach diesen zärtlichen und überwältigenden Stunden, diesen verrückten Stunden mit Paul. Weitermachen. Vortäuschen. Lügen. Die Gefühle liegen miteinander im Clinch. Es ist ein Hin und Her zwischen Liebe und Leid, zwischen meinen Werten und meiner Treulosigkeit. Einsam leben, mit der Heimlichtuerei und Zerrissenheit unvereinbarer Gefühle.

Mal bin ich böse auf Mama, weil sie sich ihrem Mann und den tauben, herrischen Vorschriften dieses Dorfs unterworfen hat. Mal verkrampft sich mein Bauch, und es schnürt mir die Kehle zu, so sehr fehlt sie mir. An einem Spätnachmittag, im Supermarkt von Closelet, laufe ich einem Mädchen aus der Schulzeit über den Weg. Wir haben uns seit damals nicht mehr gesehen. Ihr Gesicht ist kaum verändert, nur nicht mehr pausbäckig, sondern stellenweise eingefallen, von Furchen durchzogen. Es ist seltsam, denn nach dem Überraschtsein darüber, wie die Zeit verfliegt und welche unauslöschlichen Spuren sie auf der Haut hinterlässt, nach dem Überlegen (dieses Gesicht … Wer ist das noch mal?) erkennen wir uns. Wir begrüßen uns. Nicht besonders herzlich. Ein paar Floskeln, nach den drei Küsschen auf die Wangen erinnern wir uns, dass wir uns nicht sehr nahe gewesen sind. Es tut mir leid mit deiner Mama. Mama, nicht Mutter. Ich weiß nicht, ob es an dem Kosewort liegt, fast schon unpassend hier vor diesem Migros, mit einer Packung Reis und einem Salatkopf unter dem Arm, inmitten dieser alltäglichen, hausfraulichen Vertrautheit, aber mir kommen plötzlich die Tränen. Unerwartet. Ich entschuldige mich, sie streicht mir über den Bizeps, unbeholfen vor Verlegenheit, abrupt wende ich mich ab.

Am anderen Ufer, Paul. Heimlich meine Träumereien zu leben war das eine. Wie mich sein Körper, wenn er mit meinem verschlungen war, sein Flüstern in mein Ohr aufwühlten, war etwas völlig anderes. Davor hatte es keinen Zwiespalt zwischen meinen Phantastereien und meinem Körper gegeben, der nun seinen kannte. Davor war da nicht dieser gezackte Biss auf Schulterhöhe gewesen.

Den Alltag und die gewöhnlichen Handlungen wieder aufnehmen, wieder an Marine geschmiegt einschlafen, ihre weichen Kurven streicheln und immer noch lieben, einen Apfelkuchen essen und mich an den meiner Mutter erinnern. Ohne dass es mir die

Kehle zuschnürt. Früh am Morgen treffe ich Pascale auf meinem zukünftigen Boot. Ich fliehe vor Marine und meinem schuldigen Zaudern, erfreue mich an dem Bayliner aus den Achtzigern, bin so stolz, ihn bald zu besitzen. Ich höre mir die Fahranweisungen an, wir lachen uns kaputt, weil ich mich so ungeschickt anstelle. Vergnügt fahren wir über den See, beruhigender als ein Meer, denn hier sieht man das Ufer aus allen Himmelsrichtungen. Sie stellt den Motor ab, und glückselig springen wir in die noch verschlafenen Fluten.

In den letzten drei Wochen hatte ich entschieden, dass ich auf gar keinen Fall die Geliebte werden würde, völlig ausgeschlossen. Die Versagerin, die während des Geschlechtsakts und des wenigen Liebesgeflüsters in Rage penetriert und dann schlaff zurückgelassen wird auf dem nicht ganz sauberen Bettlaken eines Ibis-Hotels irgendwo im Gewerbegebiet. Die Weinerliche, die sich beim Auseinandergehen an den Hals des anderen klammert. Die Bettelnde, die Hysterische, die Durstige, die viel zu schnell hinter einer Tür auf die Knie gezwungen oder hastig bäuchlings auf dem Schreibtisch gefickt wird. Das hatte ich beschlossen. Und auch, dass wir beide niemanden verlassen würden. Aber viel mehr nicht. Dann waren da noch die Zweifel. Warum hatten wir spontan, naiv nur Liebe und Gefühle in Betracht gezogen? Vielleicht steckte dahinter auch nur die Alchemie der Pheromone. Davon hatte ich in der

Zeitung gelesen, diese Geschichten von Anziehungskraft, die sich ganz pragmatisch wissenschaftlich erklären ließ. War ich etwa noch närrischer als die Zicken,
auf die ich in meiner Jugend herabsah, mit ihren billigen Märchenprinzgeschichten? Und die Schuld, un-
abwendbar seit meiner frühen Kindheit, quälte mich.
Sie kam bei einem verschmitzten oder liebevollen
Blick von Marine angerückt, wenn sie mir einen feuchten Kuss auf die Wangen gab, begleitet von einem »Ich
liebe dich, mein Schatz«. Ich wurde in einem Gefühls-
karussell herumgewirbelt, das im Takt meiner Lust-
anfälle und Trauerqualen auf und ab tanzte.

Bei der Arbeit so tun, als wäre nichts. Das leichte Zucken seiner Schulterblätter ignorieren, als ich am Tag
meiner Rückkehr ein »Guten Morgen« in den Raum
rufe, zu großspurig, um noch als aufrichtig durchzuge-
hen. Untertauchen, im wahrsten Sinne, an meinem
Schreibtisch, in den Kundendossiers, in der Menge
ausgestreckter Hände. Nickend die Anteilnahme des
ein oder anderen anhören. Stumpfsinnig E-Mails ab-
arbeiten, mir verbieten, mich in seinen Flur zu schlei-
chen. Alles ausschalten, ohne bei ihm im Büro vorbei-
zuschauen.

Eines Tages, während ich den verschwommenen
Blick auf den chemischen Schaum des Firmenkaffees
gerichtet habe, spüre ich ihn, noch bevor ich ihn sehe.

Er schließt die Tür, lehnt sich mit der Hüfte an die Arbeitsplatte. Mit dem Zeigefinger schiebt er mir eine Haarsträhne hinters Ohr. Er drückt die Lippen auf den Winkel meiner Augenbraue. Er atmet den Duft meiner Stirn ein und macht auf dem Absatz kehrt.

Mit ihm zusammen sein bedeutet Heimlichkeit. Mit ihm zusammen sein bedeutet Schweigen und Verlogenheit. Ich kann mit dieser Heuchelei nicht umgehen. Mein Tierinstinkt setzt sich durch: Abhauen. Beiden entkommen. An diesen Herbstwochenenden lade ich mich in Delphines *Maiensäß* ein. Wir haben uns vor fünf Jahren kennengelernt. Unsere gemeinsame Heimat ist der Aufhänger gewesen, das geheimnisvolle Wirken der Freundschaft hat ein Übriges getan trotz der fünfzehn Jahre Altersunterschied und unserer völlig gegensätzlichen Persönlichkeiten. Ihre rätselhaften, poetischen Gedanken, ihre weise Natur konnten nur Licht in meine aufrührerischen Schandtaten bringen. Mit ihr entdecke ich die *Suonen*, diese schmalen Pfade, die früher zur Bewässerung der Felder dienten, sie schlängeln sich waagerecht an den Hängen der Berge und Hügel entlang, man wandert auf ihnen ohne große Anstrengung. Es ist sehr angenehm. Sie hat mir schon einige gezeigt, aber in diesem Herbst begnügen wir uns wegen ihrer Knieoperation damit, durch Vercorin zu bummeln. Ein einfaches Dorf, eine Kirche, ein paar Cafés, ein Lebensmittelladen, eine Bäckerei,

nicht viel mehr. Hier gibt es noch ein paar ursprüng-
liche Behausungen, Holzhütten, die auf vier Steinso-
ckeln gebaut sind, zu Zeiten unserer Eltern trocknete
man in diesen Zwischenräumen Heu. So wie man uns
seit der Grundschule das Walliser Mikroklima eintrich-
terte, erfuhren wir diese baulichen Details von einem
Lehrer, der sich unseres kulturellen Erbes bewusst war
und mit Stolz darauf blickte. Getrennt von der Rhone,
schien das Val d'Anniviers recht weit von unserem Zuhause entfernt. Um all das scherten wir uns nicht, ich
am allerwenigsten, wo ich doch nur eines wollte, weg,
weg, weg. Das gegenüberliegende Ufer war noch nicht
weit genug entfernt. Heute sind diese Häuser, in ihrem
ursprünglichen Zustand oder sorgfältig restauriert,
selbst für eine Walliserin exotisch und faszinierend.
Ich hatte damals niemanden um mich herum, der mir
Geschichten von früher erzählte, niemand brachte
mich zum Träumen, indem er dieses harte Bergleben
mit Nostalgie ausschmückte. Delphine dagegen verbrachte ihre Sommer bei ihrer Großmutter, von der sie
das eine oder andere erfuhr. Sie gibt es an mich weiter, als wäre nichts dabei. Da ich nicht mehr dort lebe,
da ich meine Familie und meine Vergangenheit ver-
leugnet habe, kann ich mir meine Herkunft nun endlich selbst erfinden und vielleicht sogar diese Bindungen lieben lernen, die ich mit meiner Gehässigkeit und
Wut platt gewalzt habe.

Innerhalb von drei Stunden bin ich vom Bahnhof Lausanne in ein anderes Land gereist. Erst mit dem Zug, dann mit dem Postauto bis zur Seilbahn, die in sieben Minuten das Flachland mit Vercorin verbindet, indem sie über schroffe Felsen steil bergauf führt. Dieser Zufluchtsort befreit meinen Geist, konzentriert mein Herz auf das Wesentliche. Wir gehen den Rundweg *Tour du Mont*, eine gute Stunde, wenn man gemütlich spaziert. Wir reden nicht, höchstens einmal eine Beobachtung zur Pflanzenwelt, ein Aufschrei, wenn hinter einem Baum eine waghalsige Gämse durchs Geäst bricht, weitverbreitet in dieser Gegend. Wir machen auf einer Bank zwischen *Arven* Rast, die Blicke im Tal versunken. Das ist alles. Sonst gibt es nichts, ich habe alles, was ich brauche. Morgens schüren wir ein Feuer im Ofen, über den Tag darf man es nicht ausgehen lassen, die Bettwäsche, das Geschirr stammen von ihrer Großmutter. Sie sind elegant, weil Delphine sie durch die Erinnerungen, die sie mir erzählt, mit Leben füllt. Abends essen wir gemeinsam mit ihrer Familie Fondue, knabbern zu einem Glas Wein Trockenfleisch und Roggenbrot, kochen Nudeln, die wir mit einer großzügigen Portion Käse bestreuen. Ihre bereits erwachsenen Kinder kommen vorbei, wir spielen *La pomme*, lachen oder unterhalten uns über Themen, die weder ernst noch wichtig sind. An einem Samstagabend setzen wir uns auf die wackeligen Holzbänke um den of-

fenen Kamin herum, den ihr Vater gebaut hat, draußen, unter den Lärchen. Ihr Mann *schabt* einen halben
Laib Käse, wir warten, bis wir der Reihe nach bedient
werden, zwischen zwei Raclettes plaudern wir oder
lauschen eingewickelt in Decken dem Knistern des
Feuers. Es ist typisch für unsere Region, und doch esse
ich hier zum ersten Mal ein echtes Raclette. Zu gesel-
lig für meine abgeschottete und vereinsamte Familie.
Es geht um Bescheidenheit und Teilen. Während ich
Trost finde, entdecke ich, was meine Eltern mir hätten mitgeben sollen: eine Identität. Ich habe meine
selbst erschaffen, durchtränkt mit Hass und Fäulnis.
Diese einfachen Tage besänftigen mein unterschwel-
liges Knurren, versöhnen mich mit dem Verlust.

Mein Bauch ist noch ganz schwer und träge vom *Bri-*
solée, diese über dem Kamin gerösteten Esskastanien
mit Käse, Roggenbrot und Most, den ein Winzer in
einer Limonadenflasche vorbeigebracht hat. Der Zug
rauscht durch das Flachland dieses Oktoberabends.
Die unbeschuhten Füße auf der Sitzbank, den trüben
Blick in einem Roman, den ich erneut lese. Plötzlich
ist er da. Ich meine, Paul ist da. Er steht dicht neben
meinem rechten Oberschenkel (ich nehme immer
einen Sitz auf der linken Seite, einen Logenplatz in der
ersten Reihe, um jedes Mal aufs Neue und unermüd-
lich den See zu bewundern, ein ständiger Begleiter in
meinem neuen Leben). Ich bin überrascht, ich richte

mich auf, schon setzt er sich mir gegenüber hin. Legt mir eine Hand auf den Knöchel, der nervös auf und ab wippt. Er lächelt.

»Was machst du hier?«

»Ich fahre Zug.«

Zärtlich strecke ich die Hand aus, lege sie ihm auf die Wange, fahre mit dem Daumen seine Augen entlang, er schließt sie. Küsst meinen Handteller.

»Das mit uns ist nichts Ernstes, Paul. Es geht nicht, das weißt du doch.«

»Nein, weiß ich nicht. Du fehlst mir so.«

Er rutscht an die Kante seines Sitzes, Stirn an Stirn, ich sage wieder nein. Nein, nein. Ich will keine Heimlichkeit, und ich will Marine nicht verlassen. Es gibt keinen Ausweg, das muss aufhören. Wir werden einen finden. Es muss eine Lösung geben, es gibt immer eine. Nein-nein. Keine, die niemandem wehtut. Keine, ich sag's dir. Ich unterdrücke den Drang, ihn zu küssen. Der Kontrolleur hüstelt, wir reichen ihm die Tickets. Wir schweigen die restliche Fahrt über und blicken zum Fenster raus, seine Hand auf meinem Knöchel. Kurz vor Lausanne wechselt er in einen anderen Waggon. Ich habe *Vierundzwanzig Stunden aus dem Leben einer Frau* auf der Ablage vergessen.

19

Ein Geruch nach Kürbissuppe kitzelt mich in der Nase. Das übliche Hello, Marines siamesisches Echo über dem lärmenden Mixer. Das Telefon, ich suche es, finde es auf dem Couchtisch im Wohnzimmer. Hallo?

»Hier ist Papa.«

Papa … als wäre es normal, »Papa« zu sagen. Dieses Wort hat er in seinem ganzen Leben noch nie ausgesprochen. Und angerufen hat er mich auch noch nie. Ich presse die Backenzähne zusammen.

»Bald ist Allerheiligen, kommst du auf den Friedhof?«

»…«

Das Surren des Küchengeräts setzt aus. Seine heisere Alkoholikerstimme …

»Jeanne …«

»…«

»Jeanne, es tut mir leid. Ich hab sie wirklich geliebt. Ich bin so unglücklich ohne sie.«

Die Wut. Die ungeheure Wut. All die Jahre der Wut kommen hoch.

»Wie kannst du es wagen?«, erwidere ich und verschärfe mit jedem Satz den Ton. »Wie kannst du es wagen? Erinnerst du dich nicht mehr, wie du Mama auf den Küchenboden gestoßen, dich auf sie drauf gesetzt, mit den Beinen ihre Arme eingezwängt und sie geohrfeigt hast? Erinnerst du dich nicht mehr, wie du ihren Kopf in die Badewanne getaucht hast, wie damals, als du Emmas Katze ersäuft hast? Du willst dich also nicht mehr erinnern, wie du das Gesicht meiner Schwester in heißen Kartoffelbrei geklatscht hast, nur, weil sie geredet hat, am Ende war der Brei rot, ihr Gesicht auch. Erinnerst du dich nicht mehr, wie Mama eine Packung Reis heruntergefallen ist, und du sie gezwungen hast, die Körner mit dem Mund aufzusammeln, wie du sie dabei an den Haaren gepackt und sie ihr büschelweise ausgerissen hast? Weißt du das alles etwa nicht mehr? Ich schon! Es läuft in Dauerschleife. Ach! Und Emma, Emma, erinnerst du dich an EMMA? Wie du Emma vergewaltigt hast? Erinnerst du dich daran? Erinnerst du dich, du mieses Schwein?«

Er schnieft und zwischen zwei Schluchzern: »So war das damals eben.«

»Was? Scheiße, Mann! Wie, so war das eben? Sag mal, spinnst du, oder was? Nein, dass es so war, ist allein deine Schuld, weil du ein verdammtes Stück Scheiße bist. Bei meinen Freundinnen, nein, bei denen war das nicht so. Ich bin doch nicht im Mittelalter geboren, verflucht noch mal! Also, heul dich gefälligst woanders aus. Bei mir nicht. Verrecke! Je eher, desto besser.«

Ich hatte es rausgebrüllt, mit unkenntlicher, abscheulicher Stimme: »Verrecke.« Marine, die Augen aufgerissen, gelähmt von meinem Verhalten, das sie nicht wiedererkannte, und von diesen Einzelheiten über meine Kindheit, die sie zum ersten Mal hörte. Wie viele dieser Erinnerungen gab es, die mich von innen auffraßen, ohne Vorwarnung aus meinen Eingeweiden aufstiegen, nicht durch mein saures Aufstoßen oder meine verzweifelten durchwachten Nächte bereinigt wurden. Ich würde heute kein Abendessen runterkriegen.

Ich würde an Marines Rücken geschmiegt vor mich hin dämmern, die Hände unter dem Kinn zu Fäusten geballt.

Wir haben das Boot abgedeckt und winterfest gemacht. Der Schmerz und die Apathie kehren zurück. Ich habe keine Energie, um mich auf meinen Führerschein vorzubereiten, ich versinke wochenlang in Verzweiflung. Ich jogge in den frühen Morgenstunden im feuchten, mich bis auf die Knochen durchdringenden Lausanner Winter. In dieser Saison werde ich nicht schwimmen, ich schlafe immer weniger, ich magere ab. Mein Gehirn ist benebelt, mein Kopf so langsam wie nach einer durchzechten Nacht. Der Alltag, pragmatisch wie ein tickendes Metronom: Marine, joggen, Arbeit, Paul, unsere gestohlenen Treffen. Er sieht auch mies aus. Seit ein paar Tagen keine Neuigkeiten.

»Paul?« (Am Telefon.)

»Ja.« (Erschöpft.)

»Was ist los?«

Es sprudelt nur so aus ihm heraus. Die Zweifel seiner Frau. Seine ungewöhnlich verdrießliche Laune und Zerstreutheit hatten sie misstrauisch gemacht. Zuerst stritt er es ab, dann beschloss er, ihr zu sagen, dass er sie nicht mehr liebte. Ein Theater, du glaubst es nicht. Die Schwiegerfamilie hat sich eingemischt. Einwände wegen der Arbeit. War ja abzusehen, du kannst es dir sicher denken. Sie droht, weint, nutzt unsere Tochter als Druckmittel. Ein Riesenchaos! Lange Rede, kurzer Sinn, ich muss die Lage beruhigen. Du hattest recht, es gibt keine Lösung. Noch nicht. Ich brauche ein bisschen Abstand. Es ist einfach zu kompliziert.

Die Stadt macht sich fein, funkelt vor weißen und goldenen Lämpchen. Marine besteht darauf, dass wir während der verkaufsoffenen Abende durch die schmucken Straßen bummeln. Nur für die Stimmung, einen Glühwein trinken, komm schon! Sie freut sich unbändig über die Weihnachtszeit, bekommt nicht genug davon, jedes Jahr aufs Neue. Sie macht kandierte Orangen, Karamellbonbons mit Butter, zu üppiges *Eiskonfekt* mit Kokosfett, Anisplätzchen, *Bricelets*, die sie mit Zitronenabrieb verfeinert. Sie bereitet eine Fleischterrine zu, das ganze Haus duftet nach Gewürzen, zündet jeden Abend Kerzen an, hängt einen Stern in die Ecke, verteilt Engel auf dem chaotischen Bücherregal, kommt eines Tages mit einem riesigen Strohhirsch hereingeschneit. Es ist vergnüglich, kindisch. Ich lasse mir alles gefallen. Ich wäre dumm, diese Frau zu verlieren. Diese Frau, die mich immer aufrecht gehalten hat. Manchmal ermuntert sie mich abends zum Reden, zwingt mich sanft, in meinem Gedächtnis nach schönen Erinnerungen zu graben, die ich mit Mama, mit Emma, erlebt habe. Es muss welche geben. Ich finde keine. Das bringt mich zum Weinen. Lass dich einfach gehen, das wird dich beruhigen. Warum sollte ich in dieser teuflischen Geschichte mit Paul schwelgen?

Der Januar mit seinen ewigen Vorsätzen ist bereits in vollem Gange. Die Hoffnung der Festlichkeiten am Jahresende ist fort, die Frühlingsversprechen sind noch nicht da. Ich hasse diese zu kurzen, grauen, nebligen, windigen Tage ohne den Schnee meiner Kindheit. Eines Sonntagmorgens, auf einem Parkplatz in Vidy, dehne ich nach dem anstrengenden Joggen meine Oberschenkel, in drolliger Flamingohaltung. Ich erkenne die Gestalt. Hochgewachsen, ein Mann von Klasse trotz der gekrümmten Schultern, mit einem Hut auf dem Kopf, die Hände in den Taschen eines Trenchcoats vergraben. Ich verharre auf einem Fuß, er kommt auf mich zu. Ich mustere ihn verächtlich, mit zusammengepresstem Kiefer.

»Ich habe bei dir zu Hause angerufen. Eine Frau sagte mir, wo ich dich finden könnte.«

Was wollte er von mir, der Doktor?

»Ich muss mit dir reden.«

»Kann das nicht warten? Ich bin völlig durchgefroren.«

»Nein, ich würde gern jetzt mit dir sprechen. Um zwölf muss ich schon wieder weg.«

Immerhin noch drei Stunden! Sein Tonfall, vielleicht sein Status, die Achtung, die er durch seine würdevolle und friedfertige Stattlichkeit gebietet. Er strahlt eine Autorität ohne Aggressivität aus, die nicht verhandelbar ist. Ich schlage vor, dass wir zu mir gehen, ich sollte mich umziehen. Ich lasse auch nicht mit mir verhandeln.

Marine wird mit unvorhergesehenen Situationen immer spielend fertig. Während ich geduscht, eine Jeans und einen Wollpulli angezogen habe, hat er beinahe entspannt auf dem Sofa gesessen, das mit einem auf dem Markt erstandenen Boho-Stoff bezogen ist. Kaffee, Tee, Kekse, sie hat ihn mit süßem Gebäck umgarnt. Ich setze mich ihm gegenüber aufrecht im Schneidersitz hin, auf ein großes rotes Kissen. Marine macht sich unsichtbar.

»Nun …«, sagt er halblaut.

Ich stelle fest, dass er weit über seine Jahre gealtert ist.

»Seit deine Mutter gestorben ist, grübele ich immerzu. Ich konnte mich lange nicht zu diesem Treffen durchringen, um dich um Verzeihung zu bitten.«

»Warum? Weil du ein Feigling warst?«

Er nickt. Seine Augen schwimmen in Tränen. Dreißig Jahre waren vergangen, ich konnte seine Scham verstehen. Einen Funken Empathie für diesen vornehmen, fast alten Mann empfinden. Die Erinnerung an diesen grauenvollen Abend, an mein Urvertrauen in ihn, an das nachgeahmte »mein Lieber«, das mich endgültig dem Zorn meines Vaters ausgeliefert hat, nimmt mein Leben schon so lange in Beschlag, dass ich ihm zuhöre.

»Ich wusste es. Keine Einzelheiten, aber ich wusste es, alle wussten das mit deinem Vater. Niemand hat etwas unternommen. So war das eben. Man sagte nichts, man mischte sich nicht in das Leben der anderen ein. Man schwieg. Aber ich hatte eine Verantwortung, ich war Arzt. Ich hätte euch helfen müssen. Damals gab es nicht die Mittel und Wege von heute. Aber ich hätte es tun müssen, ich hätte eine Lösung finden müssen. Und … Ich habe deine Mutter sehr geliebt.«

20

Aus Scham ist er so aufrichtig, wie es ihm möglich ist. Sie kannten sich schon immer. Sie liebten sich, wie Kinder sich lieben. Unschuldig. In der Jugend knutschten sie hinter einer Scheune, machten sich Versprechen. Das Studium, die räumliche Trennung – sie verschwand aus seinem Leben. Begegnungen, Frauen, dann die eine. Gemeinsam mit ihr ließ er sich dort nieder, wo er geboren worden war, es gab noch keinen Arzt, ein Glücksfall. Er hatte schon immer diese naive Idealvorstellung, irgendwann einmal der Doktor in seinem Dorf zu sein.

»Als ich sie wiedergesehen habe, war deine Mutter mit dir schwanger. Ich habe erfahren, was sie durchmachte. Nicht von ihr, sondern von den Klatschweibern. Es reichte eine Frage, und schon löste man ihnen die Zunge. Und sie …«, er seufzt niedergeschlagen. »Ich hatte Gefühle für sie. Keine Liebe, das nicht, eine tiefe Freundschaft. Erinnerungen an unsere Kindheit und Jugend, ihre Liebenswürdigkeit, ihre Schüchternheit. Sie rührte mich. Ich hatte eine ehrgeizige Frau geheiratet, aus gutem Hause, wir hatten zwei Kinder. Jedes Mal, wenn ich deiner Mutter begegnet bin, tat es mir in der Seele weh. Nicht aus Mitleid. Und doch habe ich nichts unternommen, ich war ein Heuchler, ich habe meine Pflicht als Freund und meine Berufs- pflicht vernachlässigt. Jetzt bin ich alt, aber immer noch quält mich dieser fehlende Mut. Immer mehr ...«

»Wenn ich doch nur gehandelt hätte. Wenn ich nur ... Ich hätte sie dazu ermutigen müssen zu gehen. Euch helfen, ihr und euch, hätte ein Heim oder eine kleine Wohnung für euch finden, euch in der Stadt in Sicherheit bringen müssen. Und dann passierte es, du weißt schon, an diesem Abend. Sie hatte nichts erklärt, als sie mich zu euch rief, damit ich dich be- handle. Auch danach sagte sie nichts. Aber du schon, und ich steckte den Kopf in den Sand. Ein Feigling, wie du richtig sagst. Ich hatte mich gerade für eine Stelle im Krankenhaus beworben. Es war eine Chance für mich, meine Frau bestand darauf, dass wir aus dem Wallis wegzogen. Sie wollte mehr, sie hasste es, dort zu wohnen, sie gewöhnte sich nicht an dieses einfache Leben.«

»Nach außen hin hatte ich ein gutes Leben, wie man bei uns so schön sagt. Aber ich habe deine Mutter nie vergessen, und erst recht nicht, was ich euch schulde. Ich habe dein Internat bezahlt, deine Schulgebühren in Sion. Das ist das Einzige, worum sie mich jemals gebeten hat. Sie wollte dich verzweifelt retten. Vor diesem Ort. Dir eine Chance geben. Sie einigte sich mit deiner damaligen Grundschullehrerin, einer Cousine von mir, damit dein Vater nichts mitbekommt. Damit er denkt, dass der Staat für alles aufkommt. Sie hielten es geheim. Ich hatte mich schäbig verhalten. Das war das Mindeste, was ich tun konnte.«

Schluchzer packten mich, dann Weinkrämpfe, ohne dass ich sie hätte kontrollieren können. Er schniefte. Ich weinte über die unermessliche Liebe meiner Mutter, darüber, was sie stillschweigend für mich getan hatte. Wie sie mich verzweifelt hatte retten wollen. Ich weinte über die Undankbarkeit, die ich ihr bis an ihr Lebensende entgegengebracht hatte. Über meine eigene Feigheit, über meinen Egoismus. Ich erzählte ihm von dem Tiger, dem »mein Lieber«, von der Bewunderung, die er in mir weckte.

Es tat ihm leid. »Mehr noch«, fügte er hinzu. Er war zutiefst verletzt, fühlte sich schuldig. Das waren wir unausweichlich alle beide. Ich dankte ihm für die Schulgebühren. Er schüttelte den Kopf, nicht der Rede wert, das war das Mindeste.

»Ihre Frau weiß nichts davon?«

»Nein. Ich habe es nie jemandem erzählt.«

»Eine Frage habe ich noch. Warum kommen Sie jetzt zu mir?«

Er überlegte, mit gesenktem Kopf, lange.

»Mein Leben ist eine einzige Farce. In meinem Alter kann ich Bilanz ziehen, und meine Arroganz hat sich zerstreut. Zum Glück! Ich habe ein angenehmes, aber inhaltsloses Leben. Ich bin nicht unglücklich. Ich bin traurig. Diese Traurigkeit kann niemand heilen« – er benutzte tatsächlich dieses Wort –, »weder meine Arbeit noch meine Freunde noch meine Freizeitbeschäftigungen. Ich bringe mich auf andere Gedanken, lenke mich phasenweise von meiner Melancholie ab. Ich habe versucht, euch zu vergessen, so zu tun, als ob … Ich schaffe es nicht. Meine Kinder wurden schrecklich verwöhnt und machen mir trotzdem nur Vorwürfe. Meine Frau führt ihr Leben, und ich ziehe nach. Feige bis zum Schluss, nicht wahr? Ich wollte unbedingt in diesem Dorf leben, ein guter Arzt sein.« (Seufzen.) »Ich werde mit dieser Traurigkeit sterben, sie zehrt mich aus. Ich bin ein verbitterter alter Mann. Glaub nicht, dass ich mich durch unser Gespräch reinzuwaschen versuche. Meine Feigheit ist nicht wiedergutzumachen. Ich bin seit einigen Jahren ehrenamtlich in einem Verein tätig, habe einigen geholfen. Das hat mir ein gutes Gewissen verschafft, mich in den Augen der anderen zu einem guten Menschen gemacht. Aber euch, euch habe ich in den Fängen deines Vaters gelassen und bin gegangen. Ich kann nichts wiedergutmachen. Ich wollte, dass du weißt, dass ich es gewusst habe, dass es stimmt, was du von mir denkst: Ich bin ein Feigling, ein armer, verachtenswerter Kauz. Ich finde, du schlägst dich tapfer. Aber zu welchem Preis! Deine Mutter und deine Schwester wären vielleicht nicht tot, wenn ich eingegriffen hätte …«

Untrennbar miteinander verbunden durch diese Geständnisse, betrachten wir uns noch einen Moment mit tränenverschleierten Augen. »Ich bedauere es so sehr«, rutscht es ihm heraus, als seine feine Gestalt durch den Türspalt schlüpft.

Tagelang durchforste ich mein Gedächtnis nach Spuren, die der Doktor Fauchère aus meiner Kindheit hinterlassen hat. Ich überlege, ob seine Zuneigung für meine Mutter bei unseren Begegnungen durchgeschienen ist, ob ich während der seltenen Besuche in seiner Praxis Anzeichen seines Mitgefühls, seiner Zuneigung für sie wahrgenommen habe, oder ob er nur darauf aus ist, dass ich ihn von seiner Schuld reinwasche, ihm sogar noch seine Sünden vergebe.

Eine Geste fällt mir ein. Während Emmas Totenwache hatte ich mich raus an die frische Luft geschlichen, vor die winzige Dorfkapelle mit den weißen Kalkwänden. Ich wollte gerade wieder reingehen, da kam er den kurzen Weg hinauf, obwohl schon fast alle Anteilnahme heuchelnden Gaffer weg waren – es blieben nur noch die Rosenkranzbeter mit ihrem »Gegrüßet seist du Maria«. Als er dicht an meiner Mutter vorbeiging, würdevoll und steif in ihrer Trauer, drückte er ihre Schulter. Eine zärtliche, unter diesen Umständen selbstverständliche Geste, die nun in einem ganz neuen Licht erschien. Sie hatte ihm spontan und stumm geantwortet, indem sie ihre Wange auf seinen Handrücken sinken ließ. Kein instinktives Zusammenzucken. Eine flüchtige Bewegung, die ihren Freundschaftsbund besiegelte.

Ich wollte die Entscheidungen und das Leben meiner Mutter verstehen. Empfand sie Reue? Was waren ihre Geheimnisse? »Meine Träume« hatte sie einmal gesagt. Nicht nur ihm hatte der Mut gefehlt, ihr auch. Warum? Und warum hatte ich über sie geurteilt?

Ich war so aufgeblasen! Die anderen abzustempeln. Dabei hatte ich Marine betrogen, war das etwa ein Bravourakt? Wer war ich, um zu urteilen? Die Tochter ihres Vaters.

21

Zufälle tauchen ungebeten auf, ohne dass man nach ihnen sucht. Die einzige Schwester meines Vaters benachrichtigt mich eines Morgens, einige Wochen nach dem Besuch von Doktor Fauchère, dass mein Vater ins Krankenhaus eingewiesen wurde. Sie und ich hatten keinen Kontakt mehr, ich war ihr bei den Beerdigungen aus dem Weg gegangen. Vor vielen Jahren – damals muss ich ungefähr zehn gewesen sein – besuchte sie uns noch. Sie war in die Küche gekommen, als mein Vater meine Mutter grob anfasste und brutal schüttelte. Das Läuten der Türklingel war von den derben Beleidigungen meines Vaters übertönt worden. Plötzlich stand sie im Raum. Sie schrie: »Louis.« Barsch und laut. Er fauchte: »Was?« Hörte abrupt auf. Sie war nie mehr wiedergekommen. Wie alle anderen mied sie uns. Unsere Misshandlungen weder sehen noch mit anschauen, sie unsichtbar machen, als würden sie so inexistent. Der Doktor war nicht der einzige Feigling im Dorf.

Mein Vater war vor dem Haus in Ohnmacht gefallen. Nachbarn hatten einen Krankenwagen gerufen. In knappen Worten berichtet sie mir, dass er keine Nahrung mehr zu sich genommen hat, dass er nur noch dahinvegetiert ist – es wäre gut, wenn du vorbeikommst. Soll er doch in seinem Loch verrecken, denke ich.

»Ich verstecke den Haustürschlüssel unter einem Stein neben der Fußmatte.«

Das ganze Haus für mich. Um es zu durchwühlen. Um nach einem Hinweis zu suchen, der mir helfen würde, die Entscheidungen meiner Mutter zu verstehen. Und vielleicht auch, meine eigenen zu treffen.

Ohne die sorgfältige Pflege meiner Mutter schien der Garten seinen ganzen Saft verloren zu haben. Sogar der Rosmarinstrauch an der Hauswand verkümmerte. Der Nussbaum empfing mich trostlos, das klapprige Gatter von früher war inzwischen auseinandergefallen und lag auf der kalten, harten Erde. Die schwarzwelken Blumen bogen sich unter den gefrorenen Schneeklumpen wie knochenlose Arme. Die Schludrigkeit und die nachlässige Faulheit meines Vaters stachen sofort ins Auge. Drinnen hatte er den bescheidenen Glanz kaputt gemacht, den meine Mutter diesem Haus eingehaucht hatte, indem sie es aufpolierte, so gut sie konnte, jetzt stinkt es, sobald man die Tür einen Spaltbreit öffnet. Ich reiße die Fenster weit auf trotz der kühlen Luft. Ich denke an nichts, sammele die leeren Flaschen in Müllbeuteln, spüle den Berg an Geschirr, werfe seine Kleider auf einen Haufen in der Ecke, finde Reinigungsmittel.

Ich sprühe sie überall hin, damit sie auf den festgesetzten Schmutz einwirken und im ganzen Haus einen sauberen Duft verbreiten. Ich wollte erst alles sauber machen, bevor ich herumschnüffele. Nachdem ich fünf Stunden lang die Küche und das Badezimmer gründlich geschrubbt und die von einer Schmutzkruste überzogene Kloschüssel gescheuert habe, rufe ich Marine an. Ich bin entmutigt, angewidert von diesem verwahrlosten Zustand. Dank ihren Arbeitszeiten als Sozialarbeiterin hat sie morgen frei. Sie kommt um 19 Uhr an, kocht Nudeln. Der Küchenboden ist so klebrig, dass unsere Turnschuhe bei jedem Schritt ein schmatzendes Geräusch von sich geben. Wir öffnen eine Flasche billigen Wein, den wir im Keller neben einem Käse gefunden haben, der so alt ist, dass er schon seifig schmeckt. Wir legen die Matratze aus dem Ehebett auf den Wohnzimmerboden. Marine sinkt in einen tiefen Schlaf. Mich hält der Vorfall von heute Morgen wach.

Wenn ich nachgedacht hätte, wäre ich nicht in Pauls Büro gegangen. Wir mieden uns mit äußerster Vorsicht, die Entscheidung, bei unseren Partnern zu bleiben, hatte dem Treuebruch ein Ende gesetzt, wir sahen aus wie wandelnde Leichen, aber blieben standhaft. Von Weitem hatten sich unsere Pupillen sofort vereinigt. Unbestreitbar hatten unsere Blicke gestanden, dass wir nicht damit abgeschlossen hatten.

Marine und ich sind effizient, wir putzen, wir stapeln im Hof, was weggeschmissen werden muss. Ich entdecke mein Zimmer wieder, und das von Emma, die veralteten, staubbedeckten, aber unversehrten Möbel.

Nichts liegt herum. In den Schubladen nichts. In den Schränken Wäsche, alter Plunder, ihre dürftige, abgewetzte Kleidung. Ich finde einen Schal, den ich Mama einmal geschenkt habe, zusammengerollt und zerrissen. Als der Boden glänzt, so gut wie eben möglich, setzen wir uns erschöpft auf die leichte Holzbank, die wir unter den kahlen Nussbaum gestellt haben.

Der Speicher! Mein Blick fällt auf das Fenster. Ich springe wie von der Tarantel gestochen auf und steige die Treppenstufen hinter dem Haus hinauf. Unter dem Dach, zwischen den Holzbalken, den Spinnweben, dem Tageslicht, das durch die Dachziegel dringt, bin ich mir sicher, dass ich auf ein Versteck gestoßen bin. Erstaunlich aufgeräumt, geschützt vor meinem Vater, ist alles akkurat geordnet. Kartons. Zwei Dutzend. Darin Bücher. Ich öffne einen Karton nach dem anderen. Nur Bücher. Sonst nichts. Keine Briefe, kein Tagebuch. Nichts! Außer Bücher. Ich bin ein Hampelmann, mit gespreizten Beinen, schlenkernden Armen, leer gefegtem Kopf. So ein Scheiß! Ich trete gegen einen Stapel, führe einen Veitstanz auf, ziehe wahllos Bücher heraus. Da sind meine Kinderbücher, meine Teeniebücher, ein altes Wörterbuch, eine Bibel. Haufenweise Erinnerungen, die mich nicht berühren.

Dabei muss ich an die Spuren denken, die mich mit Paul verbinden. Unauffindbar. Sie stecken unter meiner Haut, keinerlei Beweise. Meine Geheimnisse, meine Wut, meine Gedanken existieren nur in mir. Niemand würde irgendetwas finden. Was zum Teufel suche ich hier eigentlich? Mit hängenden Schultern, unter diesem Dachgebälk, wo sich ein paar Lichtstrahlen zwischen den vom Wind und Schnee verwitterten Dachziegeln hereinschleichen, entdecke ich plötzlich auf dem Boden einen Schlüssel, rund, altmodisch geschliffen. Er muss in eine Buchseite eingeklemmt gewesen und herausgerutscht sein.

»Marine«, rufe ich sie herbei, während ich gleichzeitig zu ihr stürze. »Ich hab's gefunden, ich hab's gefunden.« Sie dämpft meine Aufregung, das hat nichts zu bedeuten. »Red keinen Stuss, in einem Buch versteckt, in einem Karton? Ich kann's gar nicht fassen!« Sie stimmt zu. Wir gehen systematisch vor, Stück für Stück. Nichts!

»Denk nach! Ein Ort, von dem sie sicher sein konnte, dass dein Vater ihn nicht finden würde, eine Ecke, in die er nie geht.«

Das Wort »Ecke« macht mich hellhörig. Ich renne die Stufen hinunter in die Waschküche. Minimalistisch, feuchter Beton vom Boden bis unter die Decke, ein rechteckiges Waschbecken, von einem Blümchenvorhang verdeckte Regalbretter. Eine Plastikkiste, Wäscheklammern, eine Kernseife. Fleckenentferner, Waschpulver in Pappbehältern. Nichts. Ich öffne die Behälter, der erste ist fast voll. Ein anderer leer. Im letzten befindet sich eine rechteckige Schatulle. Mama hat ihre Geheimnisse an mich weitergegeben. Nicht, um sich jemandem anzuvertrauen, sondern für mich. Wie oft hatte sie gesagt: »Hör auf mit deinen Fragen!«

Der Doktor Fauchère heißt Simon. Postkarten von ihm und von mir, wild durcheinander. Touristische Klischeemotive von Madrid, Paris, Berlin oder Nachdrucke von klassischen Gemälden. »In Gedanken. S.« Nie mehr. Ein Geheimcode zwischen ihnen, eine Diskretion gegenüber dem Briefträger oder meinem Vater. Alle stammen aus der Zeit, nachdem er aus dem Dorf fortgezogen ist. Er hat seine Wörter gebetsmühlenartig wiederholt, aus den USA, den europäischen Städten oder aus Lausanne. Ganz unten ein dünnes Heft, an den Rändern schon vergilbt über die Jahre, in dem sie Auszüge von Gedichten abgeschrieben hat.

In meiner Trauer regt sich nichts
Ich warte, niemand kommt
Weder tags noch nachts
Und nie mehr, was ich einmal war

Emma – 1989

Ich erkenne die Verse von Paul Éluard wieder, aber mir ist neu, dass meine Mutter sie gekannt hat. Wahrscheinlich ein Fund beim Antiquar. Eine mit ihrer gebundenen Schrift eng beschriebene Seite, auf der sich ohne Zeilenumbrüche die Verse von »*Demain, dès l'aube*« aneinanderreihen, rechts oben, 1993. Emma, die ganze Zeit ... ihr Schmerz als verwaiste Mutter. Totgeschwiegenes Thema.

Ein Brief, datiert auf einen Monat vor ihrem Tod:

Meine liebste Claire,
ich habe mich gefreut, Dich bei der Beerdigung meiner Cousine zu sehen. Ich bedaure es, dass wir keine Zeit hatten, miteinander zu reden. Wärst Du einverstanden, dass ich Dich anrufe, damit wir uns wiedersehen können?
Simon

Ich weiß nicht, wie ich die entsetzliche Traurigkeit erklären soll, die ich empfand. Ein Gefühl der Vergeudung. Sie hatte im Stillen gelitten. Emmas Tod hatte ihr Herz eingenommen, während ich steinhart geblieben war. Durch und durch vergoren. Wie er. Und feige wie der Doktor.

Zu spät für Reuegefühle, Entschuldigungen, Ausreden. Jetzt ist sie tot.

22

Der Zustand meines Vaters verschlechtert sich, benachrichtigt man mich. Ich weigere mich hartnäckig, ihm einen Krankenbesuch abzustatten. Zwei Tage später, nach der Holzschatulle, ist es so weit, zwingend erforderlich. Ich muss ihn wiedersehen. Marine begleitet mich, ich kann nicht mit ihm allein sein. Er liegt im Bett, er stößt mich ab. Ein strenger Geruch, sein Mund, sein Urin oder der faulige Gestank seines ganzen Wesens in panischer Angst zu sterben, ich weiß es nicht. Ich bin angeekelt. Er sieht erbärmlich aus. Ich sollte ihn bedauern, wenigstens ein Gefühl von Empathie. Nichts, ich empfinde nichts. Nicht einmal Mitleid. Die Krankenschwester sagt zu mir, dass wir ihn im Rollstuhl spazieren fahren können. Marine schiebt ihn, selbst dazu bin ich nicht fähig. Ich trödele hinter ihnen her. Er spricht langsam, verhaspelt sich. Braucht eine Ewigkeit, um die Kaffeetasse an die Lippen zu führen. Ich schaue woanders hin, genervt. Kaum hinuntergeschluckt, quillt die bräunliche Brühe wieder hervor und läuft ihm das Kinn hinunter. Mit zittriger

Stimme sagt er, während er Marine beschämt und hilflos ansieht: »Ich merke, dass es tropft, aber ich schaffe
es einfach nicht zu trinken.« Behutsam wischt sie die
Kaffeespuren mit einem Papiertaschentuch weg. Er
widert mich an. Ich schäme mich nicht einmal, keinen Funken Zuneigung für ihn zu empfinden. Er sagt
auch: »Claire fehlt mir«, während er sein Schicksal
bejammert. Ich stehe vom Tisch auf, beschäftige mich
eingehend mit dem Thekenangebot dieser Cafeteria
aus den achtziger Jahren. Alles noch exakt genauso, sogar die Einrichtung hat sich seit der Erbauung nicht
verändert. Das neue Krankenhaus, nannte man es damals, Emma war hier am Blinddarm operiert worden,
Mama und ich hatten sie besucht. Wir saßen dort in
der Ecke an dem runden Tisch. Sie war ganz fröhlich.
Krankenhaus, das bedeutete Besuche und Geschenke.
Nichts Großes, eine Puppe, ein Plüschtier. Sie hatte
eine Creme der Marke Mustela bekommen. Sie geizte
damit und lieh sie mir nur gelegentlich. Die Tube sollte
möglichst lange halten. Wir würden nie eine nachkau-
fen. An den Geruch erinnere ich mich immer noch.

Zurück auf dem Zimmer, setzt Marine ihn auf einen
Stuhl am Fenster, wo er zu den stattlichen Kastanien
im Park und den Apfelbäumen im Rhonetal, die all-
mählich den Winter abschütteln, hinausschielen kann.
Ich rufe die Krankenschwester zu Hilfe. Kein einziges
Mal habe ich ihn angerührt. Endlich Zeit zu gehen.

Marine beugt sich zu ihm hinunter, um ihm einen Kuss auf die Wange zu geben. Ich bleibe bei seinen in Pantoffeln steckenden Füßen stehen. Er sieht mich furchtbar traurig an. Er weiß, dass seine Stunde dämmert. Nach seinen Glaubensvorstellungen erwartet ihn die Hölle. Vielleicht will er sich, indem er wie ein geprügelter Hund seine Reue bekennt und seine Zuneigung zu meiner Mutter beteuert, schlau wie er ist, aber auch nur von seinen Sünden reinwaschen. Gott vergibt. Ich nicht.

»Tschau«, sage ich.

Er packt mich am Handgelenk, sieht mich flehend an. Gott bewahre! Nicht auch noch das. Gleich heult er los, er spricht so mühsam, ich bin schon jetzt gereizt von seiner sicher gleich folgenden Litanei.

»Ich weiß, dass du mich hasst. Aber ich liebe dich.« Pause und dann: »Verzeihung.«

Ich höre, wie Marine hinter mir die Tränen hinunterschluckt. In einem Film hätte das jeden x-Beliebigen zum Heulen gebracht. Ich bin keine x-Beliebige. Ich bin die Tochter des Ungeheuers, ich bin die Frau, die fremdgeht, ich bin die Frau, die zugeschlagen hat, ich bin die innerlich ausgedörrte Frau, ich bin die Frau mit den verdorbenen Eingeweiden, ich bin die Tochter, die weder ihre Mutter noch ihre Schwester gerettet hat, ich bin die Tochter eines Mörders, ich bin die gefühlsleere Tochter, die ihrem Vater beim Sterben zusieht,

ich bin die Frau, die nicht auf den Rat ihrer Lebens-
gefährtin hört: »Schließ Frieden.«

Ich bin die Frau ohne Erbarmen.

Ich habe ihn angesehen, nein, nicht angesehen, ge-
mustert. Mit einem zaghaften Gefühl von Ergriffenheit
und Angst im Bauch. Ich habe ihn weiter angesehen.

Ich habe ihm ins Gesicht gespuckt.

Nicht einmal eine Sekunde, nachdem ich meinen
Speichel ausgestoßen hatte, hätte ich den Film schon
zurückspulen wollen. Diese Spuckebläschen zwischen
seinen Augen wegwischen wollen. Ich hätte mich zu
seinen Füßen werfen, den Kopf in seinen Schoß legen
und es ihm gewähren sollen, dieses verdammte »Verzeihung«.

Nichts würde nach dieser Tat mehr sein wie zuvor.
Nichts würde mehr unschuldig sein. Jeder Blick von
Marine würde besudelt sein von diesem Speichelfa-
den. Diese Tat absoluter Gehässigkeit würde den letzten Rest Menschlichkeit in mir kaputt machen.

Hätte ich es gewusst. Hätte ich es doch nur gewusst.
Tief im Inneren wusste ich es vielleicht. Ich wusste,
ohne mir wirklich darüber klar zu sein, dass diese
schreckliche, demütigende Tat, für ihn genauso er-
niedrigend wie für mich, schlimmer als eine Ohrfeige
oder Beleidigung, schlimmer als meine Arroganz,
schlimmer als mein Hochmut, nicht folgenlos bleiben
würde. Ich wusste, dass sich das Geschehene niemals

mehr auslöschen lassen würde. Weder aus Marines Gedächtnis. Noch aus meinem.

Er ist im Morgengrauen gestorben. In der Eulen-
flucht.

23

Der Tod meines Vaters hat mich nicht befreit. Im Gegenteil, er belastete mich mehr als der Abschied von Emma und Mama. Ich war nicht traurig. Diese fehlende Trauer war keine hingeschusterte Fassade, keine Verlogenheit, um die anderen auf Distanz zu halten oder um zu überleben. Ich empfand offen gestanden überhaupt keinen Schmerz. Ich glaube, ich hätte lieber ein Tränenknäuel im Hals gespürt als diesen Klumpen im Bauch. Hass und Wut setzten sich in mir fest. Ich war ranzig geworden. Ich hasste, was aus mir geworden war. Nicht fähig zu vergeben, nicht fähig, vorwärtszugehen oder endlich die stinkenden Klamotten meiner Kindheit abzulegen. Je mehr ich mich hasste, desto mehr schottete ich mich ab. Marine versuchte nicht mehr, mich zum Reden zu bringen. Ich spürte, dass ihre Freundlichkeit, wenn auch nicht vorgetäuscht, doch nur ihre innerste Persönlichkeit spiegelte. Diese Spucke entfernte uns voneinander. Meine Tat hatte die Grenzen von Marines außergewöhnlicher Toleranz überschritten.

Ich glaube, dass nur wenig zwischen ihr und mir nicht wiedergutzumachen wäre. Dass ich nur Reue hätte zeigen müssen, damit sie darüber hinwegsieht. Ich bestrafte mich, indem ich in dieser dichten, unnachgiebigen Wut verharrte. Ich hätte einen Rückzieher machen können. Dazu war ich nicht fähig.

Vor Paul hätte ich schweigen können, um sein nicht allzu hässliches Bild von mir zu bewahren. Eines Abends im Restaurant, kurz nach dem Tod meines Vaters, schleudere ich es ihm unverblümt entgegen: »Mein Vater hat mich am Tag vor seinem Tod um Verzeihung gebeten. Ich habe ihm ins Gesicht gespuckt.« Ich spreche diese Worte bewusst aus. Ich sehe die niederträchtige Tat wieder vor mir. Das ist meine Art, Paul zurückzuweisen. Damit auch er mich meidet. Etwas anderes verdiene ich nicht. Mit verschränkten Armen, steifem Oberkörper, fordere ich ihn heraus. Der Atem stockt ihm in der Brust. Kurz. Um es zu verkraften. Er streichelt mir über den Arm. Ich werde sarkastisch, richte mich kerzengerade auf, kein bisschen reumütig, obwohl allein die Tatsache, dass ich darüber gesprochen habe, das Gegenteil beweist.

»Worauf bist du aus, Jeanne? Willst du, dass ich dich hasse? Hier gibt es nur eine Person, die dich hasst, und das bin nicht ich.«

Er liebte mich also wirklich. Er wusste besser als ich, dass diese öffentliche Jeanne nur ein Zeichen zu vieler Schmerzen war. Tränen verschleierten mir den Blick. Er zahlte, wir gingen hinaus in die *Bise*. An der Straßenecke blieb er stehen, umschloss mich mit den Armen. Er wiegte mich sanft, küsste mich auf die Stirn. Seine Zärtlichkeit durchströmte mich, meine Brust schwoll an. Ich weinte, schlang ihm die Arme um den Rücken und drückte ihn verzweifelt. Es war leicht und intensiv. Ich war nicht fähig, mich von all diesen Schichten zu befreien, die mich wie Dornenranken umklammert hielten. Allmählich drang die Wut überall in meine Haut ein. Nur diese Augenblicke mit ihm besänftigten die Wellen, die in meinem Inneren tosten. Ich ging auf einem Drahtseil, und es hätte nicht viel gefehlt, und ich wäre auf die Sonnenseite des Lebens gefallen. Hätte mich darauf eingelassen, diese Maden abzuschütteln, die mich Tag für Tag aufzehrten. Er nahm mein Gesicht in die Hände, sah mich an. Ich bemerkte, wie traurig und hilflos es ihn machte, dass ich mich so gegen friedliche Gefühle sperrte. Seine Gutmütigkeit, die nichts Berechnendes hatte, erfüllte mich. Diese Verbindung, von der er gesprochen hatte, riss nicht ab, trotz meiner furchtbaren Art, durch die Welt zu gehen.

»Ich habe meine Frau verlassen.«

Ich habe meine Frau verlassen. Mehr nicht. Keine Fragen, kein Trara, nicht, was das für ihn bedeutet hatte. Ich habe meine Frau verlassen. Er war frei und forderte nichts von mir. Wir gingen in ein Hotel. Mehr hätte es nicht gebraucht.

Als ich an diesem Samstag nach Hause kam, kochte Marine gerade Kaffee, auf ihrem Gesicht keine Spur mehr von ihrer angeborenen Herzlichkeit. Der Vormittag war schon fortgeschritten, ich hatte meine Nacht mit Paul nicht geplant. Kein Hello, ich blickte betreten drein, aber fühlte mich wegen nichts mehr schuldig.

»Es ist Paul.«

Sie spricht es aus.

Ihre großen grünen Augen, von nächtlichen Tränen gezeichnet, sind starr auf mich gerichtet. Aus Achtung vor ihr steht es außer Frage, dass ich mich herauswinde. Ich nicke und setze mich. Ich mache mich auf eine Szene gefasst, auf Vorwürfe oder einen Streit. Spanne die Schultern an wie ein Boxer, der die Schläge pariert.

»Bitte erspar mir die Details. Das erste Mal habe ich es gespürt, als wir ihm in der Kneipe begegnet sind, als er dich so strahlend angelächelt hat. Danach habe ich es wieder vergessen. Und dann bei der Beerdigung deiner Mama, da ist es mir klar geworden. Ich kenne dich, ich merke, wenn du vollständig bist. Was willst du jetzt machen?«

»Ich weiß es nicht.«

»Ich mag nicht, was aus dir geworden ist. Du bist nicht die Einzige, die leidet. Die eine schmerzvolle

Kindheit hatte. Aber wie du uns behandelst, uns alle. Mich, Paul bestimmt auch, deine Freunde, unsere Freunde. Du warst nicht einmal fähig, einem alten Mann die Hand zu reichen, selbst wenn er der schlimmste Dreckskerl war, hat er dich um Verzeihung gebeten, und du hast ihm einfach ins Gesicht gespuckt, Jeanne! Du gefällst dir in diesem seelischen Tief, du erhältst es aufrecht. Ich kann nichts mehr für dich tun. Ich habe dich so geliebt. Ich liebe dich immer noch. Aber ich bin müde, Jeanne. Ich bin so müde.«

Wahllos stopfte ich Sachen in eine alte Baumwolltasche. Marine, immer noch in der Küche, stand wie versteinert am Tisch. »Es tut mir leid. Ich fahre ein paar Tage ins Wallis.« Ich ging einen Schritt auf sie zu, ihr Blick hielt mich ab. »Okay. Wir reden bei deiner Rückkehr.« Ich hörte nicht auf meinen Instinkt, der mich dazu drängte, sie in den Arm zu nehmen. Ich haute eilig ab.

Wie ferngesteuert stieg ich in den Zug. In der Jackentasche der Schlüssel zum Haus meiner Kindheit. Nach dem Tod meines Vaters hatte mich ein Notar zu sich bestellt – Waise, aber Erbin. Ein Haus, zwei Wiesen in einem Wald oberhalb der Gemeinde, ein paar Tausend Franken auf einem Bankkonto (obwohl Mama nie Geld hatte, sparte er), keine Schulden, erläuterte der Notar. Der Tonfall des Juristen langweilte mich. Ich machte eine gute Figur, unvermeidlich in diesem tristen Büro, das Zeit und Ort durch den Amtsjargon allzu ernst erscheinen ließ. Nachdem die schwer verdauliche Verlesung beendet war, bat ich darum, mein eigenes Testament aufzusetzen, es gab ein paar offizielle Seiten abzuzeichnen. Marine würde alles erben. Da gab es nichts zu überlegen. Schlimmstenfalls könnte sie es verkaufen und Rücklagen bilden. Paul würde mein Boot bekommen, er kannte sich damit aus.

Sobald der See nicht mehr in Sicht ist, sobald ich nicht mehr die Spiegelung der Sonne auf dem Wasser bewundern kann, sobald der letzte, auf einem gräulichen Felsen hockende Angler, den ich flüchtig durchs Fenster erspäht habe, hinter mir liegt, rufe ich Delphine an. Lange Zeit hatte ich dieses tiefsitzende Bedürfnis der Walliser, immer wieder nach Hause zurückzugehen, nicht verstanden. Für mich war es eine Strafe. Ich machte mich über ihre kindliche und naive Verbundenheit zu ihrem Kanton lustig, aber im Grunde beneidete ich sie. Zu seinen Wurzeln zurückzukehren verhieß etwas Schönes. Jetzt, wo ich allein war, schickte mich mein Instinkt heim.

Die Pfingstrosen entfalten sich, Glockenblumen bedecken das Gras, riesiger, rosa verwaschener Mohn, Windröschen und flammendroter Klatschmohn haben im Garten wieder das Kommando übernommen. Gemeinsam mit Delphine reiße ich die Fenster auf und bitte die Frühlingsdüfte herein. Wir kochen Kaffee, unterhalten uns über ihre Kinder, über das Chalet, in dem sie nun immer häufiger wohnen. Sie erahnt, wie schlecht es mir geht, ihre Umsicht und ihr Feingefühl halten sie davon ab, mich auszufragen. Erst als die Sonne untergeht, wir uns Wein nachschenken, wasche ich mir endlich diese drückende Last von der Seele. Ich erzähle von Paul. Ich erzähle von meiner tiefen Zuneigung für Marine. Ich erzähle von meinem Vater und meiner unverzeihlichen Tat. Ich erzähle von der Schatulle meiner Mutter, vom Doktor Fauchère. Ich erzähle das alles, als wäre ich bei der Beichte. Ich schüttele ab, was mich beschmutzt.

»Mein Herz ist so ausgetrocknet.«

»Du findest schon noch deine Gießkanne«, antwortet sie schlagfertig.

Wir lachen über dieses gutgläubige, trotz seiner Naivität wortgewandte Bild. Ich weiß, was ich tun sollte. Wieder zum Psychiater gehen – zu Bernard oder einem anderen –, meine Arbeit aufgeben. Mich von Paul und Marine fernhalten, um wieder klarer zu sehen. In diesem Haus leben, bis ich mich aufrappele, oder »im Chalet, ich leihe es dir, wenn es für dich hier zu schwierig ist«. Es wissen. Die geistigen und materiellen Mittel dazu haben. Es nicht können.

Ich hätte alles gegeben, um von glücklichen Erinnerungen zu zehren. Mit freudigem Herzen zurückzudenken, an diesen Marienkäferaufkleber, der

Mamas Gesicht aufhellte, an das Eichhörnchen, das Emma und ich vergeblich, einen ganzen Nachmittag lang zu fangen versucht hatten, daran, wie Paul sich beim Einschlafen an meinen Rücken schmiegt, daran, wie mein Körper ins belebende Wasser des Genfer Sees eintaucht, während der rot gefärbte Himmel aussieht, als würde er jeden Moment implodieren, an all die Küsse auf die Stirn, daran, wie bei einem unglaublichen Sonnenuntergang in Querceto mit Marine die Zeit stehenblieb, an diesen sich lächelnd bedankenden Fremden, an das türkisblaue Wasser des Lac de Moiry, an das Umherirren auf den *Suonen*, an die Terrassen, an die Partys, an Nina Simone oder an *Der Mann, der Bäume pflanzte*, das ich schon tausendmal gelesen habe.

Stattdessen in der Vorhölle meines Chaos schmoren. In dieser zerstörerischen Unruhe verharren. Ich werde mich nicht davon losreißen.

24

Als es Morgen wird, als die Sonne aufgeht, weiß ich es. Ich weiß, dass von den Orten, die ich besucht habe, nur wenige in mir nachhallen. Vom beigefarbenen oder groben Sand, von den engen und dreckigen Gassen, den funkelnden Städten, den ruhmvollen oder verfallenen Denkmälern, den fremden Gewürzen, den bewunderten oder unverstandenen Gemälden, welche Spuren bleiben? Von den besichtigten Kirchen, während in meiner Brust nur die Leere dieser göttlichen Liebe grollt, die mich im Stich gelassen hat, von den voll kindischer Hoffnung angezündeten Kerzen, die meine Wut jedoch nie besänftigt haben, was davon überdauert wirklich am Ende? Aus wie vielen meiner fünfzehntausend Tage spricht Lebenshoffnung? Wie viele habe ich im Gedächtnis behalten? Alles führt mich an diesen Ort zurück, vor dem ich geflohen bin. Obwohl ich jetzt ein neues Kapitel aufschlagen, ohne die Angst leben könnte, nicht mehr bei jedem Geräusch, jedem Anruf, jeder donnernden Stimme aufschrecken müsste, denn er ist nicht mehr da. Er ist immer da. Und von den

Tausenden gelesenen Seiten und den Hunderten Liedern? Was behalte ich im Gedächtnis? So wenig. Nun weiß ich es. Ich weiß, dass ich nie einen Sinn gefunden habe. Ich habe nichts vorgetäuscht, einen Tag nach dem anderen gelebt, ohne dass einer die Angst und die Wut meiner Kindheit hätte ausmerzen können. Dabei sollte man meinen, eine Kindheit sei keine große Sache. Aber für mich ist sie alles, was bleibt. Ich kann nicht woanders Zuflucht suchen.

Ich weiß, dass nichts mich so bewegt, dass es mich wirklich aufwühlt oder gar meine Wut auflöst. Dass die Fundamente meiner Kindheit nicht stabil genug sind, um mich auf den Beinen zu halten. Ich denke an die Erde im Garten, die im Frühling umgegraben wird, daran, was die Alten im Dorf zu sagen pflegten: »Da ist nichts zu wollen, da kannst du noch so viel Dung drauftun, da wächst nichts. Die Erde taugt nichts.«

Ich tauge nichts. *Da wächst nichts.* Schlechte Erde, schlechter Samen.

Um acht rufe ich Paul an. An jenem Sonntag im Mai. Ich liebe diesen Monat, der für eine Weile die endlosen Nächte unterbricht. Ich liebe die Hoffnung, die seine sich angenehm in die Länge ziehenden Tage mit sich bringen. Ich liebe die Düfte, die unter jedem Grashalm piepsen. Ich liebe die sprießende Fruchtbarkeit, die grüppchenweise angeordneten Tulpen und Enziane, die um sich greifenden Maiglöckchen. Ich liebe die Majestät der fleischigen Pfingstrosen, die ein Gewitter im Nu verwüsten kann. Ich liebe die noch sanften Sonnenstrahlen. Ich liebe es, abends einen Pulli überziehen zu müssen, aber trotzdem noch draußen zu bleiben.

Zwei Stunden später parkt er das Auto unter dem Nussbaum. Bei seinem Anblick durchfährt mich ein einschüchternder Schauer. Es ist, als nähme ich ihn zum ersten Mal wirklich wahr. Ich bin gerührt von seinem Gang und seinem Lächeln, von seiner zärtlichen Offenheit. Ich kann ihm nicht sagen, dass seine Liebe meine Seele nur flüchtig gestreift hat.

Nachts liege ich auf der Seite, er auf dem Rücken, den Arm unter dem Kopf angewinkelt. Ich sehe ihn an, ohne ihn zu berühren. Ich weiß heute, dass er ruhig atmet, ich weiß, dass er seinen Kaffee ohne Zucker trinkt, dass er sich nur rasiert, wenn es sein muss, dass er Boxershorts trägt und weiße T-Shirts unter seinen Hemden. Ich kenne den Vornamen seines Jugendschwarms, weiß, dass er es nie geschafft hat, *Ulysses* zu lesen. Ich weiß, dass er mit seinem Bruder in einem Zimmer geschlafen hat, dass sie an Saufabenden zweimal das Familienauto verbeult haben, ich weiß, dass seine Träume bescheiden sind, dass er keinen Käse *schaben* kann. Ich weiß, dass er seine Sommer bei seiner Großmutter mütterlicherseits verbrachte, dass er Krustentiere hasst und Lars von Trier, dass er Gianduja und vollmundigen Wein liebt. Ich weiß, dass er optimistisch, vertrauensvoll und umgänglich ist. Dass er an uns glaubt.

Ich weiß auch, dass wir die stickige Hitze von Matera im Juli nie erleben werden, dass kein einziger Kinderschrei unseren Schlaf stören wird, dass wir nicht mitten in der Nacht aufbrechen werden, um stundenlang zu fahren, bis wir einen Blick aufs Meer erhaschen, dass wir uns keinen festgepappten Schnee von den Mänteln schütteln, dass wir nie durch die Straßen von Sevilla oder Rom bummeln, dass wir uns nie streiten werden, um kurz darauf in Lachen auszubrechen, dass wir sonntags nicht im Schlafanzug herumgammeln werden, dass es keine großen Tischrunden unter Apfelbäumen geben wird. Ich weiß, dass er mich nie ärgern wird, dass ich ihm nie vorwerfen werde, spät nach Hause zu kommen. Ich weiß, dass es nie kleinliche Nörgeleien im Haushalt geben wird.

Ich schiebe eine dringende Verabredung mit meiner Tante vor, damit er am nächsten Tag früh abfährt. Wir stehen ewig unter dem Nussbaum. »Du weißt, es gibt Lösungen. Ich könnte hier leben und pendeln.« – »Ja, das könntest du.« Ich atme seinen vertrauten Geruch ein, ich berühre leicht mit dem Zeigefinger die Mulde zwischen seinen Schlüsselbeinen. Er küsst mich auf die Stirn. Ich lasse die Hand auf seinem Rücken, ich spüre seinen Herzschlag.

Ich räume das Frühstücksgeschirr weg.

Ich werde nicht weich beim Anblick der Marmeladentropfen auf dem Tisch.

Ich mache mich langsam ein letztes Mal zurecht.

Ich schlüpfe in meinen marineblauen Rock, den berüchtigten.

Meinen Lieblingsrock.

Danksagung

Mein Dank geht an

Eddy, für seine beständige Unterstützung.

Robert Seethaler, für seine inspirierte Frage.

Sabine, für ihre offenen Arme.

Sophie,
Carole,
Juliette,
Gaëlle, für ihr unerschütterliches Vertrauen.

Anne und Phidias, für den lebendigen Austausch.

Stéphane, für seine objektive Kritik.

Glossar

Arve:
Eine Kiefernart (Pinus cembra, dt. Zirbelkiefer),
die dem rauen Klima in den Alpen standhält, in der
Schweiz auf subalpiner Stufe vom Wallis bis ins Enga-
din verbreitet.

Bricelet (dt. Bretzeli):
Leckeres feines Buttergebäck, dessen Zubereitung
Geduld und Können erfordert. Es wird während der
Weihnachtsfeiertage genossen.

Brisolée:
Walliser Speise, die im Herbst serviert wird und aus gerösteten Esskastanien, Käse, Trockenfleisch, Roggenbrot, Weintrauben, Äpfeln und Most besteht.

Bise:
Ein Schweizer Begriff für kühlen, trockenen Nordost-
wind, der im Genfer-See-Raum besonders stark ist.

Coujenaze:
Ein Wort im Walliser Dialekt in der Bedeutung von *cuisinage* (Kochen). Es handelte sich um ein einzigartiges einfaches, ländliches Gericht, hauptsächlich auf Gemüsebasis. Die Rezepte unterscheiden sich je nach Jahreszeit, Region und Familie.

Demain, dès l'aube (dt. Morgen, in der Dämmerung):
Gedicht von Victor Hugo, erschienen in *Les Contemplations*, 1856.

Eiskonfekt (frz. Fondant):
Typische Leckerei an den Feiertagen zum Jahresende. Geschmolzene Schokolade und Kokosfett werden in kleine bunte Papierförmchen gegossen und im Kühlschrank ausgehärtet.

Goron:
Rotwein aus dem Wallis, ein Verschnitt aus Pinot Noir und Gamay. Schlicht und beliebt, er wird zum Aperitif getrunken, zum Kochen verwendet oder als Wein für alle Tage.

La pomme (dt. Apfel):
Oder auch Jass (ausgesprochen *jas*), ein sehr beliebtes Kartenspiel in der Schweiz.

Maiensäß
Einfache Almhütte in den Walliser Alpen.

Schaben (frz. racler):
Das Abstreifen – mit einem Messer und durch eine:n
Racleur:euse (Person, die Raclettekäse schabt) – der
ersten Schicht eines halben Käselaibs, der über der
Wärmequelle eines speziellen Ofens oder über dem offenen Holzfeuer geschmolzen wird. Dieses Gericht be-
zeichnet man als Raclette (nicht zu verwechseln mit
einer *raclonette* – einem Raclette-Tischgrill).

Suone:
Typischer Bewässerungskanal im Wallis, der das Nie-
derschlagswasser der Gebirgsbäche in den Alpen bis
zu den landwirtschaftlichen Nutzflächen leitete. Auch
wenn sie weiterhin zur Bewässerung der Rebhänge
dienen, sind sie heute Teil des Kulturerbes und als
Wege für Spaziergänge sehr geschätzt.

Zitatnachweis

EMILY DICKINSON
Sämtliche Gedichte. Zweisprachig, Carl Hanser Verlag,
München 2015, S. 1191
(übersetzt aus dem amerikanischen Englisch von Gun-
hild Kübler)